La Table des matières

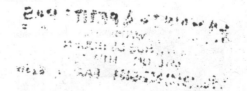

LE QUARTANIER
4418, rue Messier, Montréal (Québec) H2H 2H9
lequartanier@videotron.ca

Dépôt légal : 3e trimestre 2007
Bibliothèque et Archives nationales du Québec
Bibliothèque et Archives Canada

Le Quartanier remercie le Conseil des Arts du Canada
de l'aide accordée à son programme de publication.

ISBN : 978-2-923400-32-7

La table des matières
présente

La Table des matières

UNE PIÈCE MONTÉE DE

DANIEL CANTY

Avec, en ordre de service :
Karine Hubert, Mylène Lauzon,
Philippe Charron, Salvador Alanis Luebbert,
Karoline Georges, Daniel Canty,
Christophe Tarkos, Thierry Dimanche,
Claude Bernier, Àlain Farah,
Erin Mouré, Dessavage et Jacob Wren

Ornée de nombreuses illustrations de
Stéphane Poirier

TABLE DES MATIÈRES

SUBSTITUTS ET COMPLÉMENTS

PREMIER GROUPE ALIMENTAIRE

Karine Hubert, Mylène Lauzon, Philippe Charron

DEUXIÈME GROUPE ALIMENTAIRE

Salvador Alanis Luebbert, Karoline Georges, Daniel Canty

INDEX DES INGRÉDIENTS

SUBSTITUTS ET COMPLÉMENTS

[Par courriel, le 15 juin 2006]

Amis de l'aliment,

À table, matières!

Récemment, je vous ai écrit des cartes postales pour vous inviter à *La Table des matières*. Sur ces cartes postales, il y a des poires, dans un tiroir qui ressemble étrangement à un tiroir typographique. J'aime faire des rapprochements. La poste est un moyen de rapprochement. La pomme aurait très bien pu être une poire. Dès que A. l'a mangée, nous sommes tombés dans la métaphore. On n'en sort toujours pas.

La Table des matières, c'est toujours, d'abord, le tableau périodique. En 4e secondaire (Chimie I), on nous a appris la recette de la réalité : c'est avec des atomes qu'on fait des molécules, et c'est avec des molécules qu'on fait ce qu'on veut. Lucrèce connaissait déjà la recette. Et il n'y a pas que les Anciens qui sachent faire, car encore aujourd'hui nous mangeons, tous les jours, de la matière. *Matière* rime avec *poussière*. Révisons la formule, pour faire moderne (comme d'hab.) : «Tu es matière et (de toute manière) tu retourneras à la matière.»

Ah! Différence et répétition – la recette est toujours gagnante. Gilles est assis à table avec nous. Monsieur Pynchon (Pain Chon) est avec lui. Dans *Vineland* (Vignoble), il a révélé que *Mille plateaux* est un livre de recettes de nouvelle cuisine. *La Table des matières*, elle, ressemble drôlement à un plan, ou un plat, d'immanence. C'est la saison des poires et des pommes. On n'échappe pas à son temps. Sam B. : «Ce n'est pas de la tarte. C'est de la tarte.»

Je suis conscient que ce texte ne clarifie rien, mais je voulais que vous sachiez que *La Table des matières* est l'endroit idéal pour discuter des grandes questions, ou de n'importe quoi. À l'étape de la digestion, les choses se placent et se déplacent en nous. On en tire les conclusions qu'on peut.

La Table des matières est aussi, et surtout, un livre, avec tout ce que cela implique de votre part et de celle des autres.

À table,

d

Montréal, le 19 juin 2006

Objet : Tdm. Tapuscrits : 8-12 x 8-15 p. Jaune orange et beau.

Messieurs Raphanouk,

Vous le savez déjà, vous êtes conviés à *La Table des matières*. Je crois qu'il ne s'agit pas d'un hasard si votre pseudonyme évoque le grain des mangeoires et pas seulement celui du papier. Je sais que je ne suis pas celui qui vous fait le mieux manger, loin de là, mais l'apprêt des mets compense parfois la pauvreté de l'aliment.

D'ailleurs, avez-vous remarqué que l'armoire à poires au revers de cette carte ressemble un peu à un tiroir typographique?

Ce qui est merveilleux avec cette *Table des matières*, c'est que comme toute page et son miroir elle saura accommoder, en miniature, tous les convives que nous voudrons y convier! En seront-ils diminués pour autant? Certes non, car les lettres, malgré les limites apparentes de l'alphabet, peuvent très bien remplir tous les tiroirs. J'espère de vos nouvelles, et je suis dans l'expectative de vos alphabétiques appareils[1]. Ils ont bon goût.

d

1 *L'Appareil*, Montréal : Les Éditions de la Pastèque, 2005, 192 p.

Montréal, le 22 novembre 2006

Cher Stéphane Futilitaire,

Ici Daniel Canty. Vous me connaissez de divers «événements socioculturels présentés par les amis». Je dis «vous» pour parler à plusieurs.

J'ai une offre à vous faire pour la nouvelle année. Je prépare, avec les collègues et amis imagistes de Feed, le deuxième volume d'une collection de livres pratiques inutiles, «La table des matières». Le premier volume, *La table des matières présente Cité Selon,* porte sur la ville, et permet de projeter une ville imaginaire sur n'importe quel lieu fâcheux – il faut *bien* habiter quelque part. C'est une sorte de best-seller futile, qui ne rentrera jamais dans ses frais. Nous sommes tragiques. Et un rien nous amuse.

Le deuxième livre s'intitulera *La table des matières présente La Table des matières* et portera sur «manger de la matière» – il faut *bien* manger quelque chose. J'ai invité une tablée d'auteurs à écrire sur la chose. Ils sont bons. Je ferai appel à vos services pour illustrer le tout, qui prendra la forme d'un joli livre conçu dans l'amitié, la joie, l'allégresse et les moyens financiers à la portée des poètes. Tu as déjà dit oui, quand on ne se disait pas vous.

À notre alimentation réciproque et future,

d

FICHE PRATIQUE DES ALLERGÈNES (À CONSULTER EN CAS D'INVITATION À DÎNER)

CLAUDE BERNIER redoute les fesses poilues. Les crustacés, mollusques et autres créatures à exosquelettes sont les ennemis implicites de DANIEL CANTY, qui ne leur souhaite pourtant aucun mal. Si vous le croisez et que sa peau a la coloration du homard, ou qu'il vous répond avec le souffle laborieux de Darth Vader, aidez-le. PHILIPPE CHARRON est allergique au glutamate monosodique, c'est-à-dire qu'une fois sur trois, quand il mange du chinois, sa mâchoire et ses bras paralysent. THIERRY DIMANCHE souffre d'une légère intolérance au bolet bicolore. ÀLAIN FARAH obéit à une diète hyporésiduelle et sans lactose. KAROLINE GEORGES souffre, entre autres, d'une allergie non confirmée au principe alimentaire en soi, mais avec un profond déni qui permet pour l'instant une nutrition à peu près abstraite. KARINE HUBERT a une allergie au foie comme on dirait (toujours par gavage) que le gras ne saurait finir par l'étouffer. MYLÈNE LAUZON n'est allergique à rien du tout, mais prend tout de même plein de pilules au cas où. SALVADOR ALANIS LUEBBERT est mentalement allergique aux oignons. ERIN MOURÉ MANGE : pomme de terre, ail, betterave, chou, oignon, carotte, magnolia. Elle NE MANGE PAS : arachide, poudre à canon. CHRISTOPHE TARKOS a droit au silence. JACOB WREN est allergique à la bière, au vin et au fromage. Invitez-le à votre vernissage, mais servez-lui autre chose.

PREMIER GROUPE ALIMENTAIRE

Montréal, le 22 mai 2006

Chère Karine H.,

Je te vois bien à *La Table des matières*. On y mange ce qui nous plaît.

Ton livre[1] apprête une soupe primordiale et nous rappelle qu'elle peut être autrement cuisinée. Pour ma part, je n'ai jamais pu manger de fruits de mer : comme beaucoup de personnes modernes, je suis allergique. Je me demande souvent pourquoi les crustacés en veulent tant à autant de nos contemporains. Je me demande aussi si, sur les plages préhistoriques, des hommes s'étendaient, morts d'avoir voulu manger la morve des mers. Cette allergie n'est-elle qu'un mal du siècle? À nous de faire des liens : le dinosaure n'avait pas le pied palmé pour rien.

Il y a là une leçon : la sélection naturelle peut très bien se faire sans nous, et nos organes ne pensent qu'à eux-mêmes. Tu écris, et c'est comme si l'œil se disait : «J'en ai assez de voir, moi aussi je voudrais manger et être mangé.» Mais l'œil se contente encore de ne rien dire. Il préfère agir et laisser parler les autres. Le langage, se mariant à toutes les sauces, aide les organes à nous en faire baver. Derrière la déclaration des droits de la personne, on touche au silence substantiel de la chair.

Je te laisse sur une question que nous pourrons discuter avec les autres convives : est-ce que le corps sans organes peut être allergique aux fruits de mer?

d

P.-S. Il paraît que, pour devenir docteure, tu écris sur les gens qui mangent des gens? Ce pourrait être un dessert délicieux.

---

1 Karine Hubert, *Je ne devrais pas voir*, Montréal : Triptyque, 2005.

La Table

Karine Hubert

– I –

L'Origine

J'ai ouvert les yeux.

La Table était là.

– II –
Le Contrôle

La Table avait les jambes croches et les cheveux longs. Ses bras pendaient mollement comme des pièces inutiles.

J'ai pensé qu'elle aurait pu être plus grande, avec un tronc autrement robuste.

Ses yeux étaient perdus dans un angle mort.

Qu'à cela ne tienne, je devais tout de suite la mettre à l'abri.

Le Plan

A. Attacher les pieds avec la corde (afin de faciliter les déplacements).
B. Ne pas oublier de la recouvrir avec le jeté prévu à cette fin.
C. Éviter de la regarder durant le processus (ou alors seulement de côté, comme un crabe lorsqu'il sort de sa cachette).
D. Marcher bravement en tirant la corde derrière soi.

Je ne voyais personne dans le bois. Tant mieux. (Je n'aurais pas voulu être pris pour un voyeur.)

Je remarquai que la Table était encore plus frêle que je ne le croyais. Ses membres se cassaient à tout bout de champ.

Le Constat : Cette Table ne savait (encore) se tenir droite.

– III –
La Révélation

La Table avait plusieurs trous et fissures.

LÀ un petit animal réussit à s'infiltrer. Il portait un masque noir et des chaussons antidérapants (pour ne pas glisser comme la dernière fois). Il tâtonnait timidement dans l'obscurité.

LÀ une explosion de lumière.

Il avait perdu ses repères dans le bois miné. Il ne voulait pas faire marche arrière. Ne pas sortir à l'air du jour (même si le trou s'approfondissait dangereusement). Attendre que tout se résorbe et s'atténue. Retrouver le mode de l'éclipse.

Des Pensées
- A. Demeurer dans sa coquille jusqu'à la nouvelle lune.
- B. Tirer parti de la Constellation sombre.
- C. S'enfoncer davantage au risque de dépasser la mi-mollet.
- D. Extraire la Sensation avant qu'il ne soit trop tard.

Mais le processus de RÉTRÉCISSEMENT avait débuté. Il se sentit reculer sans pouvoir se raccrocher (les branches lui filaient entre les doigts).

LÀ il passait.

La Table lui apparut enfin dans sa Totalité.

– IV –
L'Établi

Il me fallait mesurer la Table adéquatement.

Exemples de questions (légitimes) ressassées :

1. La Table avait-elle des surplus importants ?
2. Chaque partie était-elle emboîtée correctement dans l'Ensemble ?

Un calcul lucide forçait à reconnaître que les angles n'avaient pas été respectés. Je devais égaliser chaque côté pour retrouver la forme originale.

Avec la massue : Incliner (de façon définitive) le tronc obstinément rigide.

Avec les cordes et les élastiques : Allonger les membres supérieurs pour qu'ils puissent soutenir la comparaison avec les membres inférieurs.

Avec les barres, les clous et les attaches : Imprimer aux membres une verticalité partout recherchée.

Avec les ciseaux : Passer la main sur la surface et couper toute excroissance.

Avec le taille-crayon : Effiler les doigts de main et de pied.

Avec le sable et le gant : Polir la surface jusqu'à obtenir le fini désiré.

Réflexion
Il était nécessaire que les yeux restent ouverts durant le travail. (La Table devait pouvoir assister aux changements de phase.)

Résultat
Je soulevai les paupières inférieures et supérieures et y engouffrai des copeaux de Table à pleines poignées.

Les yeux globuleux (oh ! combien gavés !) se contiendraient jusqu'à la fin.

– V –
La Signature

La Table ne permettait aucune erreur.

La Gravure (en plaie)

A. Prendre le stylet sans plus attendre.

B. Enfoncer la pointe d'un coup entre les omoplates saillantes.

C. Faire ressortir les os à bras levé.

D. Creuser les interstices pour accentuer les cavités naturelles (les plus sombres).

Il me fallait descendre de la Table.

Comme l'un se doit de la mettre au dos.
Comme l'un la presse du tronc.
Comme l'un exprime sa moiteur.
Comme l'un révèle son Sens caché.

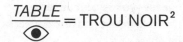

$$\frac{\textit{TABLE}}{👁} = \text{TROU NOIR}^2$$

– VI –
La Fin

L'Homme de toutes les situations allait s'attaquer au menu.

Son Aliment parmi pylore, foie, jéjunum, iléon, langue, cæcum, poumon, brachial, couturier, pédieux, rein, soléaire, plantaire, oreillette, trapèze, deltoïde, cœur, épiglotte, masséter, biceps, pharynx, péronier, anconé, trachée, jumeaux, fallope, côlon, plèvre, diaphragme, péricarde, rhomboïde, palmaire, lèvre, ovaire, splénius, cubital, gastrocnémien, mollet, symphyse.

L'Homme en disette cherchait son chemin dans les creux. Tirer (très fort) pour arracher les boyaux. Souffler dans une extrémité et vider à fond la panse. Mâcher la corde jusqu'à épuisement.

L'Homme en cuirassé remontait les côtes. Disposer les organes à couvert. Plonger la trompe pour en extraire le suc. Mordre dans l'écorce.

L'Homme en table habitait là.

Montréal, le 7 juin 2006

Chère Mademoiselle Lauzon,

Je vous écris pour vous inviter à *La Table des matières*. On y mange tout ce qu'on voit, au vu et au su de tous.

En 2003, vous participiez à la livraison ciné-phage de la petite revue de poésie autocombustible que nous ne nommerons pas[1] et que vous avez dirigée, et moi aussi, amateurs d'art numéroté que nous sommes, un comme tous. Souvenez-vous : vous nous proposiez (dans la séquence habituelle des repas) la digestion subtile d'un film de Jan Švankmajer, qui aime beaucoup faire tout, mais absolument tout, manger à ses personnages. Comme la pixillation l'illustre si bien, manger consiste aussi à réanimer en nous ce qui était censé avoir fini de bouger (par exemple, les revues de poésie mortes).

Une précision : si, aujourd'hui, je vous appelle Mademoiselle Lauzon, c'est que, vous relisant, je me demandais d'où votre texte tenait son «sacré jonc». Les rumeurs ont couru bon train sur vos fiançailles européennes, et je me disais que vous aviez bel et bien fini par l'avaler, ce jonc trompeur, et que la fin heureuse, en l'absence du prince, était bien celle-là.

Mais trêve de plaisanterie. L'autophagie vous sied encore très bien, et je suis certain que nos invités en redemanderont. Ce qui se voit bien peut très bien se manger.

Amitiés, M.

d

P.-S. Si vous redoutez de vous retrouver seule à table, vous pouvez inviter mademoiselle Bart à vous accompagner.

---

1 *C'est selon*, neuf de chiffre, Montréal, octobre 2004.

Notre marché ? Quel marché ?

Mylène Lauzon

D'un commun accord nous refusons d'installer l'ennui entre nous comme aussi toutes variations sur un même thème romance passionnelle installation des corps dans l'habitude et conformisme ramenant les clichés du genre en sempiternels comportements hystériques où jalousie et haine de soi et de l'autre finissent par emporter notre corps mourant.

Nous disons que toute exigence de l'un de l'autre doit être formulée par écrit avant chacune de nos rencontres. Que l'écriture précède toujours l'action et précède toujours notre désir. Cette écriture scelle chaque fois notre contrat, force notre imaginaire à vouloir mettre en scène ce qui a été dit. Le texte est la carte d'un territoire très vaste et très contraignant qui nous occupe pliant notre corps et notre pensée à la réalisation de ce qui a été dit.

Donc nous concluons très simplement ce contrat comme garde-fou de nous-mêmes, rempart contre l'idiotie et toute morale qui ne serait pas au service de nos besoins et de nos désirs.

Ce sera dense. Nos pilosités noires, chacune veut risquer le contraste cru. Jamais il ne les a rasées d'aussi près et aussi profond.

N'encrera que notre âme, aux aunes de nos passés, de nos abandons. Je ne suis pas encore passée par là.

Il n'y a qu'elle pour ouvrir rapidement sa bouche étroite et relâcher simultanément ses lèvres épaisses avec une indolence crasse comme expressément le contraire.

Je constate que ces remarques se sont confirmées. La première me semble une donnée évidente. Quant à la deuxième et à la troisième, n'en ayant que peu fait l'expérience, je ne peux te les présenter que comme des hypothèses de travail.

Réjouissance.

MM

À 21 h on sera sous tes draps. Et tu devras franchir quelques parcelles supplémentaires dans les prairies de ta pudeur.

Tu me montreras ton sexe en caoutchouc vibrant en action, longtemps, et tes lèvres relâchées, entrouvertes tout le temps. Tu laisseras pendre ta langue, je veux voir ta langue pendre.

Avant ça, je viendrai te chercher avec ma Vespa, tu t'habilleras chaudement, plongeras tes mains sous la fourrure et nous ferons un peu de chemin-liaison sans nous parler. Quand tu en auras assez, tu m'empoigneras les cuisses plus fort et nous rentrerons dans ton antre le plus vite possible.

Tu seras soif.

PP

Je vis en multimiroirs ce que tu vis. Et j'ai vu hier immédiatement en même temps que tu le vis le reflet de nos visages incrédules face à ce qui nous arrive.

J'enrage aussi, mais tellement calmement que ça m'enrage. Je n'arrive plus à jouer, et encore moins avec toi ; nous auto-inhibons notre pulsion de jeu en ne le voulant justement pas.

On découvre ça comme une cuite, en n'y croyant pas vraiment mais si. Et cette saloperie, cette crevure de désenfantillages, ce tueur de cochoncetés résiste bien au langage. Tellement salaud ce machin qu'on le baiserait bien dans un vit qu'on porte au bout du cul, mais cette crapule intermédiaire nous vit trop y prendre goût ; et elle nous sape, nous rattrape, nous gobe la tête et laisse nos culs veufs.

MM

Tu crois que c'est parce qu'on ne s'est pas assez donné à manger ? Fiction lente et perverse à développer comme questions et réponses simples à formuler : au fait, tu es mariée ?

On observait bien tous les deux nos minables petites plateformes du bas, là, se regarder en outres de peaux pâles, en consciences mates de trop exister comme objets, pas assez comme sujets, pas comme l'une de ces machines à jouir qui s'engagent au pied levé dès que nos noms sont prononcés.

Bon bon bien bon, on ne s'attendait pas à se retrouver comme ça dans les bras, dans ces bras-là, hein, petite fille, jeune garçon, vieille bite et dame mûre tous mélangés.

On va bien voir dans ce bordel flamand. On sera autres quoi qu'on fasse et avant on peut donner à boire puis un film, des coussins, des rasoirs et puis rien dos à dos.

PP

Juste, on verra bien dans ce bordel, chez les gourmands.

D'ailleurs j'ai fait un rêve hier qui m'a secouée dans mon inertie et qui m'interroge sur notre précédente rencontre. Je ne me souviens plus du contexte de départ, mais nous baignions dans quelque chose de bien cuit, de fondant, de mangeable, entièrement dénués d'obligations et de références.

Plus aucun rôle culturel et sexuel ne nous formait ni déformait, nous étions corps et esprits purs. Je te sodomisais onctueusement, et nous étions tout entiers entourant nos tuyaux complémentaires lubrifiés. Il y avait quelque chose d'éternel dans nos glissements alternatifs.

Au fait, il y aura tous les ustensiles nécessaires chez tes amis les gourmands ?

MM-LA-MARIÉE

Comment vas-tu ? Tu changes de fuseau horaire pour Noël ou tu t'échappes de ta scène québécoise tourte à la viande, dinde et la mère-grand au tablier, qui est un peu fêlée et qui ne lâche pas la patate ? C'est bien ça, la patate ?

Eh, je n'arrive pas toujours à exprimer mon enthousiasme, mais c'était vraiment super, cette soirée. Ce poisson cru et ces fleurs, je n'avais jamais goûté ces fleurs, moi et toi au milieu de toute cette chair, hommes, femmes, multipliés et imbriqués.

La suite à Ixelles, où j'habite maintenant avec ces petits matins où ton flanc blanc apparaît dans mon demi-sommeil.

PP

Ce qui n'apparaît pas ici est négligé dans ce qui nous relie. Ce qui n'est pas dit au préalable s'invente et renforce ce qui me lie à toi, et ce, dans la plus joyeuse détermination que j'aie connue.

Dis-moi, es-tu de retour à Bruxelles ? J'imagine que tu es de retour à Bruxelles...

M., tu t'es levée de table avant même d'avoir mangé... Qu'en est-il de notre marché ?

Reviens-moi un peu, fais-moi signe, réponds-moi au moins.

PP

Je ne suis pas disparue.

Je vois bien depuis quinze ans que je secoue un peu les petites créatures qui m'approchent. Je soigne ça, mais je ne serai jamais une spécialiste de l'attention ni du soin, une mauvaise fée m'a enlevé ça très tôt, on dirait.

On va se la jouer pas trop dense.

Notre marché ?

MM

Montréal, le 22 mai 2006

Cher Philippe Charron, esq.,

Je t'invite à *La Table des matières*. Il y aura toute sorte de monde, et on y mangera de tout, mais n'aie pas peur, il n'y aura ni restes ni dégâts. Tu peux porter une belle cravate de France si tu veux. Il n'y a aucun danger que tu la taches.

D'ailleurs, les préparatifs à *La Table des matières* me font ruminer la même question que toi : «Comment organiser une réception sans lendemain de réception[1]?» J'ai préparé quelques éléments de réponse en prévision de notre symposium. Nous pourrions a) mourir; b) faire semblant (par écrit ou autrement); c) nous assurer de ne rien faire qui n'ait déjà été dit; d) absolument tout manger, y compris le service. Je te laisse formuler des objections et je te présente mon point de vue.

L'animal mange et est mangé, c'est bien connu; ce qui mange est mangé par ce qui mange[2]. Je digère mal. Alors je joue à des jeux de langage et j'espère qu'ils font effet (ex. : apéritif, tif, digestif).

Une autre façon d'aborder la question est de préparer des sandwichs. Nous sommes d'accord, tout dépend des condiments et de l'accompagnement, mais le sandwich est tout de même une solution commode pour se tirer d'embarras à peu de frais. Pourquoi

---

1 Voir, éventuellement, Philippe Charron, *Tirer transposer tenir joindre mettre déplacer tenir mettre traîner*, Montréal : Le Quartanier, à paraître. [Voir, maintenant, le livre paru à l'automne 2006 sous le titre *Supporters tuilés : repas alternés d'épreuves* (104 p.) avec le titre projeté en jolies lettres rouge erreur en marquise. (NDÉ)]

2 Cette année, je me suis rendu à l'hippodrome pour photographier la faune et l'architecture. Le festival des huîtres battait son plein. Je crois que les chevaux étaient heureux qu'il y ait autre chose à manger. Savent-ils que, bientôt, l'hippodrome fermera ses portes et qu'on mettra fin aux courses? Parmi les spectateurs, il y en avait qui ne semblaient pas tout à fait rassasiés par les fruits de mer. Je suis allergique. Je suis du côté des chevaux.

ne pas faire du sandwich une pétition de principe? Donc, e) donnons aux plats d'autres noms que ceux qui leur reviennent, et ne servons qu'un seul mets. Phénoménominouménal! Ou, mieux encore, f) ne servons rien, mais parlons-en!

On peut beaucoup se dépenser à force de se compliquer la vie, n'est-ce pas? Notre symposium aura meilleur goût si nous nous en tenons au plus simple. Nous mangerons de tout. Nous nous assurerons qu'il ne reste rien. Discutons-en.

Au plaisir, et au mot,

Daniel C.

P.-S. Tu auras des amis à table. J'ai aussi invité Àlain Farah. Dans sa littérature, nous mangeons avec lui des beignets qui n'en sont pas.

Les faits de planche

PHILIPPE CHARRON

Le travail des œufs.
3 œufs. 4 jaunes. 2 blancs.

Comme entrée en matière, un enfant dont les virus ont été mis en quarantaine, qui est mésadapté et hyperactif, laissé à lui-même dans une grande maison.

Il ne mange pas, pour le petit-déjeuner, ce qui est prescrit pour ce repas.

Il engloutit plutôt trois boules de crème glacée au chocolat, source de plaisir, dit-on, surtout avec sa cuillère favorite : une petite porcelaine avec demi-manche isolant en matière moulée (plastique) et la virole en deux parties (fonction d'esthétique).

Manche-commande. Manche-commande.

«Arrête de faire ça, sinon c'est l'avertissement. Il faut lire les règles.»

En fait, de la glace trois couleurs dont il ne mange que la partie chocolatée, coupée au couteau.

Il arrive de l'école avec des cernes de crème glacée autour de la bouche. Prendre une bêche modifie l'environnement. Ça cerne l'orifice ; phase buccale tardive, destruction de l'émail. C'est si froid ; ça fait mal aux dents.

La question est : devrait-on lui fournir un exemplaire du guide de l'alimentation (programme très élémentaire rigide séquentiel logiquement successif) sous-entendant qu'il n'a jamais songé à accompagner ce repas d'une boisson chaude à base de chicorée (pour lui fournir un ratio nécessaire de fibres), la même que buvait son grand-père, jadis, le soir venu ?

Cet enfant répondrait illico, l'index pointant le ciel : «Homme des foules, n'as-tu pas souvenir de la douceur de la glace napolitaine ?» (Dans l'ordre : vanille, fraise, chocolat. De la plus claire à la plus foncée.)

Comment peut-on oublier ce produit dont, pendant qu'il fond en bouche, la paternité est ardemment disputée, en haut comme en bas de la colline ?

Dessert de noces renaissantes ou expérience de réfrigération dans les grottes froides ?

Comment peut-on oublier ce produit quand les étals assortissent toutes les couleurs et les textures ? Une véritable œuvre d'art contemporain.

Légendaire lait.
Légendaire sucre.
Légendaires œufs.
Légendaire crème.

Père chômeur chauffe son chariot réfrigéré, troque le marteau et l'enclume pour la cuillère et la sorbetière. Il se récompense de ses ventes par un cornet gaufré à trois boules. Mais il se trouve alors à récompenser un petit bandit, un petit escroc, un petit contrevenant. Non, il n'est pas à la diète liquide comme son voisin de cellule.

Réaliser de petites fortunes en transgressant le règlement municipal qui ne veut pas de vente ambulante.

Donc, s'immobiliser et ouvrir boutique. Mais, Monsieur le Maire, le quartier est déjà saturé de crémeries.

Pour prévoir le départ des invités avant qu'ils ne soient arrivés : à l'heure du thé, servir une double portion de glace à chacun, accompagnée de petits gâteaux. Tous bourrés et le crâne frigorifié, personne ne voudra rester à dîner.

Non, non, non ! Une chicorée avec deux rôties ou une soupe, un bouillon clair, faible en gras. C'est le retour au minimum après avoir été privé de son héritage.

Au pot !

Adorer les recettes où on ne peut pas deviner les ingrédients à première vue.

Tout le contraire de la soupe chinoise aux filets d'œufs. Problème d'unité ? Faire une utilisation ultra-facile du convertisseur.

Aimer longtemps son robot à soi, surtout pour mixer, faire ses pâtes et hacher menu.

Il s'agit seulement de se mettre quelque chose dans le ventre pour passer au travers de la nuit. Quelque chose de simple. Une économie des facultés digestives, apprise durant le blocus continental.

On s'imagine que la chicorée est une boisson réservée au matin, mais à quoi bon tenir à cette considération car elle ne contient pas de caféine donc aucun pouvoir ravigotant. On peut alors la boire le soir sans craindre l'insomnie.

Demeurant au matin en l'honneur d'une boisson du matin, lorsqu'on boit une boisson chaude à base de chicorée, il ne faut pas s'attendre à boire un café car on risque davantage de ne pas aimer la chicorée. Même si sur certains points la chicorée imite le café, sur certains autres points elle s'en dissocie. Il n'y a aucun effet excitant associé à sa consommation, et son amertume est d'un autre ordre, moins agressive.

La chicorée reste de la chicorée. Il faut lui donner sa chance et la considérer autrement que comme un simple succédané qui ne trouve sa légitimité que dans l'imperfection de son remplacement.

Ersatz dans la vie quotidienne.
Question de l'innocuité des édulcorants intenses.
Pratiquer la consommation d'aspartame durant le blocus continental.

Avoir la cossette à cœur et la diète acquise; perdre l'appétit.

Il faut baser son analyse du goût sur d'autres critères.

Le café n'est pas une idéalité des autres boissons chaudes et n'est pas une base essentielle à l'analyse de leur goût et de leurs effets.

Il est probable que nous devons notre café à des chèvres abyssiniennes ou arabes qui, à la grande surprise de leurs bergers, se déchaînaient dès qu'elles avaient brouté quelques feuilles ou des baies d'un arbuste nommé *kif* ou *koffe*. Les bergers firent vite le rapprochement entre l'énergie de leurs bêtes et ce végétal aux fruits rouges brillants. La boisson conquit bientôt le monde entier à une vitesse absolument étonnante.

Boire son café tranquille, vêtu de son pardessus en velours d'Utrecht.

Parlant de café et de chicorée (sans les mélanger) : quand la mouture du café n'est pas adaptée au filtre de la machine, le café risque de goûter la chicorée.

Séparer les éléments dans un flux.

Retour de couche, chambre de règles, sécrétions lactées et réponses personnalisées; le produit du rot a été ramassé loin.

Pour un café filtre, il faut utiliser un filtre d'un assez petit point; il doit retenir l'eau assez longtemps pour que les grains soient suffisamment dissous. Pour l'espresso, le filtre peut être d'un point plus grand, même si la mouture est plus petite. Il n'y a, dans ce processus, aucun principe de retenue du liquide.

D'un point de vue technique, le processus peut se décrire : de l'eau portée à 90/95 °C est soumise à une pression de neuf atmosphères en 25 à 30 s pour passer à travers quelques grammes de café moulu et donner 25 ml de café.

Ainsi, quand le café goûte la chicorée, c'est décevant car ce n'est pas le but visé. Boire par épreuve de force.

Portail du sport. Imposture et communication dans la duperie. Par essais, recherche de la réussite.

Faire varier la température et la pression de l'eau intentionnellement pour congeler ou ébouillanter ses voisins et leur jouer des tours d'arrosage à répétition.

Un des rôles de la boisson chaude, sans doute le plus agréable et le plus recherché, est l'effet de réconfort. Exercice, chaleur de muscles, sérénité, harmonie qui annule les tensions causées par l'anxiété du perfectionnisme.

Certains vont préférer le café, d'autres, la chicorée, le thé ou simplement une tasse d'eau chaude citronnée ou nature.

Les plus excentriques pencheront pour le lait de poule. Évidemment la poule ne donne pas de lait car elle n'a pas de mamelles. Le lait de poule n'est qu'une expression pour décrire un lait de vache auquel on a ajouté des œufs, de la muscade, du sucre, de la vanille, et parfois une goutte ou deux de brandy.

Il y a de tout pour tout le monde car tout est dans tout.

Mais tout aimer n'est-il qu'une question de goût ?

Le goût est-il communicable ?

Le goût est-il une question subjective ou intersubjective ou objective ?

Qu'en est-il des présuppositions de M. Emmanuel Kant ? Lui qui pouvait se mettre dans la peau de ce sachem iroquois qui n'appréciait à Paris que les rôtisseries.

Lui qui trouvait une foule de crustacés marins d'une grande beauté tout comme les dessins à la grecque. Lui, dont le péché mignon était la moutarde et qui trouvait délectable ce vin sucré de Bavière auquel on associe aujourd'hui un agencement complexe d'effluves de vanille, d'ananas, de noix de coco, de banane et d'un soupçon de litchi.

Mais si à son époque, malgré ses connaissances et son génie, M. Kant ne connaissait pas ces parfums exotiques, comment décrivait-il le goût de ce vin ?

Si nous considérons que ce vin est d'origine contrôlée et embouteillé au château, son goût ne devrait pas être altéré par les siècles.

C'est entrevoir comment le langage interagit avec les possibilités de phénomènes et vice versa.

Est-ce l'expérience qui règle l'expression ou plutôt l'expression qui règle l'expérience ?

Un des facteurs qui modifient la représentation du goût est bien sûr le changement de régime de l'import-export des fruits depuis l'étude de Kant (un concept qui, s'il existait à l'époque, ne signifiait sans doute rien de semblable à l'utilisation qu'on en fait aujourd'hui; on peut dire de la culture du langage et de celle des fruits qu'elles varient, entre autres, selon la saison et la géographie).

Le travail des gros bras des dockers suit l'horaire des marées. Sous hangars. Par-dessus terre-pleins.

Il y a un temps de disponibilité plus long et même permanent pour certains fruits et légumes, ce qui altère certainement nos attentes relatives aux surprises et aux déstabilisations alimentaires.

Prenons par exemple l'orange, qu'on recevait seulement à Noël, à une époque pas si lointaine. Ce cadeau rare et coloré faisait évidemment plaisir aux enfants. Aujourd'hui, donnez une orange en cadeau à Noël et vous courez le risque que celui-ci ne soit pas vraiment apprécié, surtout de la part du mangeur de glace (quoique le mélange chocolat-orange soit apprécié par certains). Normal : il y a des oranges sur les étals de janvier à décembre.

Associez le développement de l'élevage et de l'agriculture au passage du temps puis au colonialisme, au passage du temps, aux échanges alimentaires d'un continent à un autre, au passage du temps, au développement des voies navales, à la découverte des bienfaits du mazout, au développement de la voiture motorisée, au passage du temps, au développement de l'aviation, et vous obtiendrez les conditions pour former un marché de l'alimentation où la demande et l'offre de produits deviennent le lieu de possibilités infinies d'agencements dans une assiette mais aussi d'escroqueries diverses.

« Comme il est cher, votre céleri. »

Dans le même ordre d'idées, on peut se demander pourquoi on mangerait une bavette de bœuf dans un restaurant où elle coûte quarante-cinq dollars, quand on peut en acheter une fraîche, chez le boucher, à moins de cinq dollars.

Si on fait venir le restaurateur à sa table pour lui poser la question et du même coup suspecter implicitement une arnaque, il donnera cette réponse tautologique qui fermera la porte à toute réplique : « C'est le marché. » Pour faire fluctuer ce marché, le marketing alimentaire a, à sa disposition, plusieurs tactiques.

D'abord, celle qui laisse aux consommateurs une entière liberté quant à la constitution de leur menu. Par exemple, les pizzerias qui permettent aux clients de créer leur propre garniture : végétarienne, viandeuse, aux trois fromages, fruitière.

Les buffets sont aussi un mode de restauration flexible, qui accepte sans gêne les assiettes hétérogènes qui font le tour du monde ; mets chinois, indiens, français, italiens, grecs, canadiens, américains tiennent dans une seule circonférence.

L'autre technique de marketing est celle qui agit selon des lois strictes, tout en les appliquant aux clients.

Or, il existe des brasseurs qui ne veulent pas qu'on serve leur bière blanche avec du citron. L'acidité de celui-ci camouflerait les effluves de banane de la boisson.

D'autres qui ne veulent pas servir de risotto avec les cailles, justifiant ce refus par une incompatibilité des assaisonnements.

Bref, ceux-ci servent-ils l'art culinaire ou tentent-ils seulement de le rendre précieux et rentable par un processus de formalisations caché par une mascarade qui fait sentir que nous mangeons un plat extraordinairement raffiné ?

À tous les fraudeurs et puristes de la table, voici une morale : le peintre maniériste milanais Arcimboldo ne se contentait pas de peindre de simples natures mortes. Il faisait des têtes-allégories composées de reproductions de fruits et légumes. Satiriques, très décoratifs, ludiques et étranges, ces tableaux étaient à l'époque de vraies curiosités. Encore aujourd'hui on entend dire «comme c'est étrange des têtes en fruits et légumes».

Restitution d'une table table basse et berçante.
Inspirée par Le vent, *de Claude Simon.*

1 Il faut idéalement une idée de repas et une stratégie de digestion efficace.

2 Déjeuner de quelques légumes en plus de mettre la main à la pâte selon un horaire déterminé.

3 Il a été démontré que l'eau et le sel étaient l'idéal pour laver les plaies.

4 L'entraînement à boire doit faire partie de l'entraînement.

5 Ce n'est qu'au XIXe siècle que sera ajouté le verre.

6 Coulis universel, sauce mère et dérivés.

7 Des chèvres élevées pour leur lait.

8 C'est prouvé, manger fait grandir.

9 La liaison par réduction, un procédé ancestral.

10 Préparer la potion magique selon la recette suivante :
900 ml (3⅔ tasses) d'eau,
75 ml (⅓ tasse) de jus,
75 ml (⅓ tasse) de sucre,
1 ml (¼ c. à thé) de sel.
S'il n'existe pas de recette miracle, continuer à brasser.

11 Ni assiette, ni fourchette, ni serviette. Comment manger et se nettoyer alors ?

12 Ceux qui mangent ne cuisinent pas nécessairement.

13 Le cuisinier améliore ses plats et ses sauces, et rend le monde meilleur.

14 La complexité comme distinction.

15 Transmission des recettes par le grand livre de cuisine familial.

16 Nombreux sont les raisins. Gomme à mâcher négligée.

17 Un buffet sera servi à la collation des grades.

18 Combien de temps et à combien ?

19 13 mai 1610 : agacé par les gens qui se curent les dents avec la pointe du couteau, Richelieu fait arrondir les lames. Il invente ainsi le couteau de table. Ce soir à la braderie : colloque « Oignon et émotion : comment gérer la représentation des larmes ? »

20 Au dîner, manger seul et le plus rapidement possible en mâchant bien. Le menu respecte la population du général. C'est là qu'on rencontre ses besoins : un choix de 3 entrées, de 3 viandes, de 3 légumes, de 3 desserts. La table d'hôte inclut le potage, l'entrée, le plat de résistance et le dessert. Choisir sa table (2 min). S'installer (1 min). Regarder la carte et choisir son repas (10 min). Attendre son potage (10 min [un espace de temps au cours duquel le serveur apporte pain et boisson]). Se faire servir son potage (1 min). Manger son potage (4 min). Attendre son entrée (10 min [espace de temps au cours duquel le serveur ramasse les bols de potage vides et remplit les verres d'eau]). Se faire servir son entrée (1 min). Manger son entrée (5 min). Attendre son plat principal (10 min [espace de temps au cours duquel le serveur ramasse les assiettes de l'entrée et remplit les verres d'eau]). Se faire servir son plat principal (1 min). Manger son plat principal (30 min). Attendre son dessert (10 min [espace de temps au cours duquel le serveur ramasse les assiettes du plat principal]). Se faire servir son dessert (1 min). Manger son dessert (4 min). Demander la facture (10 sec). Attendre la facture (5 min). Payer la facture (4 min). Sortir.

21 Hacher menu
l'oignon
et réserver.

22 Le nouveau cuisinier n'est pas fameux;
du brocoli mou, ce n'est pas super.

23 Il faut ajouter un panneau
à la table; il y aura
beaucoup d'invités.

24 Les parts de la tarte ont été coupées
à l'équerre. Équitable. Du sel au goût.

25 On place les convives
par affinités.

26 François Ier a lancé
la mode de l'assiette.

27 Les membres de l'équipe de production
ont dit non à la proposition
de modification de la saveur originale.

28 Rupture cartésienne des os :
les Précieuses aiment le crounch
sec et droit; la moelle est ainsi
facilement atteignable.

29 Elles sont chaudes et piquantes.

30 Ce n'est pas ma tasse de thé.

31 C'est un repas costumé
et dansant. Il faut apporter
sa boisson. Des prix, dont
un ensemble de couteaux,
seront tirés sur place.

32 Il découpe fièrement
son jambon.

33 Cacao, le maître d'hôtel,
régule l'ébriété lors
d'un repas qui est
un vagabondage.

34 Cette année, les huîtres
sont difficiles à ouvrir.

35 2 légumes tout court
dans un immense panier,
c'est design.

36 Mmmmmmmm !
Délectable !

37 Aimer, ne pas aimer.
Sa prétendante
ou son plat.

38 Une écuelle pour deux personnes,
s'il vous plaît. (De quoi ?)

39 Il manque quelque chose.

40 En ajoutant
ou en enlevant
de l'assaisonnement.

41 Autres. 11, 10, 4, 3 invités.
Plus personne, finalement.

42 Les aliments, surtout végétaux,
contiennent de nombreuses
substances naturelles qui
jouent un rôle prépondérant
dans le maintien de l'intégrité
cellulaire et tissulaire.

43 Pour s'entraîner, les boxeurs
exercent leurs frappes sur
de grosses pièces de viande gelées.

44 Le gigot est tendre,
quoique trop cuit.

45 La blanquette de veau
dans son possible = 2 légumes
de couleur foncée.

46 2 pelures de pamplemousse,
est-ce assez ?

47 Frankie et les autres se crispent en marchant.
Feraient-ils mieux de laisser rouler ou de s'arrêter
pour prendre 60 g de cheddar ou 1 produit
laitier malté puis de l'eau, du bouillon, du jus,
de la tisane ?

48 Amener à une texture moulinée,
lisse, voire liquide, en maintenant
une alimentation équilibrée.

49 Embouteiller et partir.

50 Lui, c'est un cas sérieux
d'inappétence.

51 En cas de difficulté à avaler
ou à mâcher (inflammation
de la bouche, extraction
dentaire...) ou en cas de
nausées, il est nécessaire
de continuer à s'alimenter.
Du bouillon de poule non
salé, ce n'est pas super.

52 Régime mou d'un
certain caractère :
le trébuchet.

53 Quand on considère certains
états du corps, manger
devient une corvée.

54 Ballonnements
et reflux gastriques.

55 Toujours complètement couvert.
Pas de récolte. Famine.

56 Avoir souvenir du porridge
de sa mère. Ou était-ce
de la crème renversée ?

57 Coq au vin.
Henri III inventa la fourchette.

58 En cas d'impossibilité complète
de s'alimenter il ne demeure
que l'heure à ceux-là.

59 Les os de morts sont
des pâtisseries très sucrées.

Est-ce que l'alimentation peut aller sans une condition ?
À la réunion, épiloguer longuement sur un buffet préparé d'avance.
123 456 789 entrées comme repas principal. À la fin, les plats
choisis sont équivalents à l'argent qui assume la facture.

L'alimentation est un vaste champ. Il est vaste parce qu'il est vital et parce que s'alimenter est l'activité que nous faisons le plus souvent dans notre vie, de manières diverses, dans des conditions diverses : préparation, consommation, espace et temps. Les questions propres aux investigations sérieuses, dont les *qui, quoi, pourquoi, comment, où, quand,* deviennent pertinentes si l'on a l'intention de les traiter. Il devient difficile de traiter avec originalité un objet aussi commun ; il est tellement fréquenté qu'on néglige la distance entre le sujet et son assiette. Un appel à tous, un tour de table, ceux qui sont prêts commencent. De quoi peut-on traiter ?

— On peut traiter de la préparation de la nourriture.

— Oui, c'est un début. Une autre idée ?

— On peut traiter de la consommation de la nourriture.

— C'est une possibilité comme une autre. On continue.

— On peut traiter des techniques de cuisson de la viande : bouillie, grillée, mijotée, rôtie, sautée.

— Enfin la variété technique est évoquée. Quoi d'autre ?

— On peut traiter des techniques de cuisson des légumes : bouillis, grillés, mijotés, sautés.

— Oui. C'est la même chose sans être la même chose.

— On peut traiter de la marinade qui attendrit la viande.

— C'est délicieux et si simple ; un peu d'huile, des épices, et quelle différence.

— On peut traiter des agencements de plats. Par exemple, une viande rôtie présentée avec un légume bouilli, ou une viande mijotée présentée avec des légumes sautés.

— Oui, oui. L'idée de la présentation est incontournable. Il ne s'agit pas seulement de voir ce qui fait l'agencement mais aussi de quelle manière : par exemple, comment dépose-t-on la carotte ? Sur ou à côté de la viande ?

— On peut traiter des ingrédients de base qui entrent dans la confection du pain ; farine, eau, éventuellement additionnés de levure.

— Pour être la base, ça, c'est la base. Incontournable.

— On peut traiter de la colle que l'on peut confectionner avec les mêmes ingrédients que le pain mais dans des proportions différentes.

— Comme c'est original. Déviant du thème, mais en même temps ça démontre qu'on peut faire autre chose avec la nourriture que la manger.

— On peut traiter du délayage de la levure et de la préparation de la pâte.

— Oui. On oublie souvent de traiter de l'importance d'une bonne méthode de délayage. Fragmentons davantage l'idée de la fabrication générale du pain.

— On peut traiter de l'importance de choisir son plan de travail et du transfert de la pâte en vue du pétrissage.

— Oui ! L'espace de travail ! L'espace de travail ! L'espace fait partie du travail même. Sans espace pas de travail et, sans travail, pas d'espace. Ainsi, il ne faut pas négliger l'importance de la représentation du plan de travail.

— On peut traiter de la projection de la boule de pâte sur le plan de travail afin de libérer le gluten qui contribue à la fermentation.

— Effectivement... voilà une notion très importante. Le plan n'est pas qu'un arrière-fond. Il participe intrinsèquement à la qualité de l'aliment. Il sert aussi de cible et de limite à l'expressivité du cuisinier. Restons dans le thème de l'expressivité physique et de l'outillage culinaire.

— On peut traiter des différents usages spécifiques des couteaux pour couper les différents ingrédients : poissons, viandes, légumes, pains, gâteaux.

— Excellent ! Cet art de l'usage spécifique de l'arme blanche nous vient de l'Asie. Continuons à creuser cette suggestion exotique.

— On peut traiter des différents outils qu'on sait faire partie de la cuisine mais dont on ne connaît pas l'utilité.

— Il s'agit alors d'analyser l'outil et de faire des tests en tâchant de ne pas se blesser.

— On peut traiter de la cuisine du Nord, de ses ingrédients particuliers et de ses emprunts.

— Encore...

— On peut traiter de la cuisine du Sud, de ses ingrédients particuliers et de ses emprunts.

— Encore...

— On peut traiter de la cuisine de l'Est, de ses ingrédients particuliers et de ses emprunts.

— Encore...

— On peut traiter de la cuisine de l'Ouest, de ses ingrédients particuliers et de ses emprunts.

— La cuisine régionale est soumise à un remodelage constant.

— On peut traiter des habitudes alimentaires quotidiennes des Américains, des Asiatiques, des Africains, des Européens, à l'aube du XIXe siècle.

— Ce sujet demande beaucoup de travail : recherche dans les archives, comparaison des sources, entrevues avec les spécialistes. Il faudra demander des fonds, mais il est certain qu'un jour ce sujet sera traité.

— On peut traiter de l'alimentation du corps humain et de celle des voitures, entre lesquelles il y a sûrement des liens mais surtout des différences.

— Oui. On entend souvent dire du corps humain qu'il ne fonctionne pas autrement que par des systèmes électriques et mécaniques.

— On peut traiter du principe d'équivalence en cuisine.

— Il faudrait préciser. Entend-on équivalence au niveau des valeurs nutritives ou des systèmes de mesure ?

— On peut traiter de la qualité gustative des plats réchauffés.

— Certains plats comme le macaroni à la viande ou l'osso buco sont délectables une fois réchauffés.

— On peut traiter de l'importance de la précision thermique lorsqu'on fait de la confiserie.

— Si on n'est pas attentif, on peut passer, d'une seconde à l'autre, d'un caramel mou à un caramel dur. Et, entre le caramel et le sucre carbonisé, la marge est mince.

— On peut traiter des différentes échelles de performance des fours à micro-ondes.

— Oui, mais est-il nécessaire de connaître son four à micro-ondes autant que son four conventionnel ?

— On peut traiter des magazines qui suggèrent des recettes qui ne fonctionnent pas car elles n'ont pas été testées.

— Et, par le fait même, pourquoi ne pas analyser les modes alimentaires qui passent et qui passent; par exemple, cet automne est au bleu.

— On peut traiter des restaurants qui ne respectent pas les normes d'hygiène, où les rats courent librement dans la cuisine et dans la salle à manger.

— Il faudrait aussi poser d'autres questions : nos normes sont-elles trop élevées ? Nous dirigeons-nous vers l'aseptisation complète et par le fait même vers une fragilisation de notre système immunitaire ?

— On peut traiter de l'usage du colorant en boucherie.

— Tout à fait pertinent. Un croisement entre la question de l'esthétique et celle de l'éthique.

— On peut traiter des modes de présentation des plats.

— Ce sont des faits sociologiques intéressants; il y a des époques où l'on y allait de présentations très chargées, d'autres où le minimalisme était de mise.

— On peut traiter de la facilité qu'il y a à transformer des œufs tournés en œufs brouillés.

— Oui. Un seul résultat pour deux situations différentes. On ne peut transformer des œufs brouillés en œufs tournés.

Mais les œufs brouillés peuvent être faits par volonté ou par récupération des œufs tournés ratés. Il serait pertinent de développer sur la réversibilité des aliments.

— On peut traiter des techniques utilisées par la photographie alimentaire pour donner l'impression qu'un plat est alléchant.

— Oui, mais souvent, malgré le talent du photographe, les photos d'une vitrine de restaurant jaunissent car elles restent exposées trop longtemps au soleil. Les plats semblent ainsi appartenir à une autre époque et perdent leurs qualités alléchantes. D'une façon comparable, les vieux livres de cuisine illustrés présentent le même problème. Ici, il s'agit cependant de la désuétude des techniques photographiques. Le temps manque. Il faudrait faire un blitz d'idées.

— On peut traiter de l'alimentation des sportifs !

— On peut traiter du processus de remplacement des aliments !

— On peut traiter des différences entre saveurs artificielles et saveurs naturelles !

— On peut traiter des dangers que comporte l'utilisation de colorants alimentaires !

— On peut traiter du passage conceptuel entre la recette écrite et la réalisation technique du plat !

— On peut traiter des restrictions alimentaires d'une femme enceinte !

— On peut traiter de l'impact des repas de la mère sur le goût et la constitution de son lait !

— On peut traiter du jeu de toc et d'autres jeux de table qui partagent un certain vocabulaire avec le domaine de l'alimentation comme *starter, manger, monter, table, brasser, pointe, dés, planche, passer* !

— On peut traiter du goût étrange qu'a la glace lorsqu'elle reste trop longtemps au congélateur !

— On peut traiter de la gamme de choix et de qualité des produits congelés !

— On fait souvent perdurer le mythe qui veut que les produits congelés soient de moindre qualité. Mais on dit aussi souvent qu'il est préférable de choisir un poisson qui a été congelé frais qu'un poisson qu'on dit frais mais qui est demeuré longtemps sur les étals.

— On peut traiter du subterfuge employé par les poissonniers : ils font dégeler du poisson gelé sur les étals de glace et le vendent en tant que poisson frais.

— Les arnaqueurs sont vraiment partout.

DEUXIÈME GROUPE ALIMENTAIRE

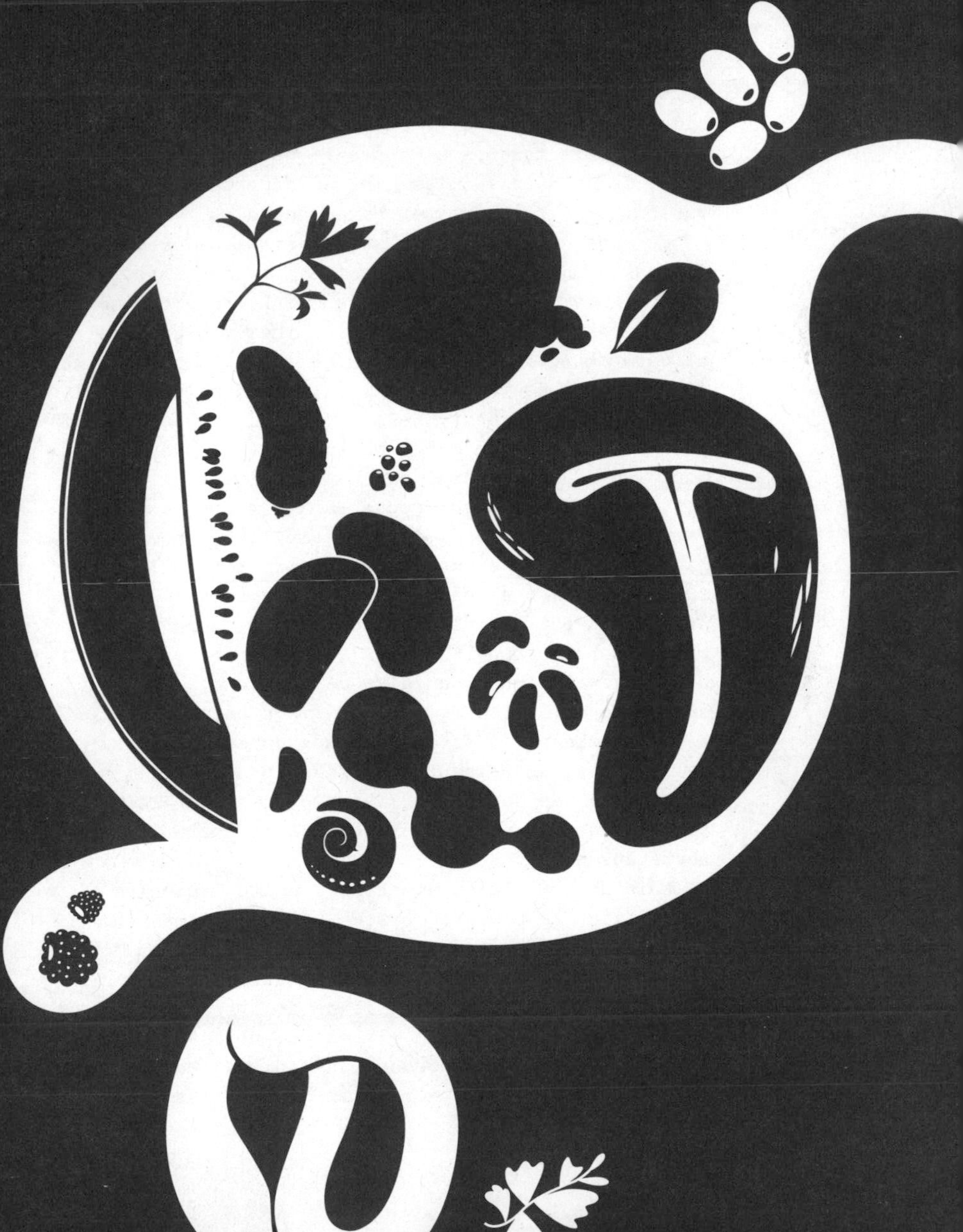

Montréal, 31 janvier – 1er février 2007

Hola, cher Canadien à venir,

À l'instant où je t'ai invité à *La Table des matières*, nous sortions du restaurant Barbare avec Ximena et Matias. Votre petite famille en était à ses derniers moments à Montréal. Nous avions mangé à notre faim, mais tu m'as dit, en acceptant mon invitation, déjà t'intéresser aux cannibales.

Je tente d'avoir de la suite dans les idées, et je songe aujourd'hui, en considérant ton texte, à la signification de cet épisode. Le rapprochement Barbare/cannibale est, bien sûr, inévitable. Mais il est peut-être aussi un peu hâtif. Le cannibalisme joue le plus souvent un rôle rituel dans les sociétés qui le pratiquent, nous apprend l'anthropologue. Et, en ce bas monde matériel, comment ne pas voir dans les manifestations psychopathétiques de l'appétit et du rituel anthropophages une sorte de retour pervers du sacré? Quoi de plus civilisé, en effet, que de nous laisser manger par notre hôte à l'issue du dîner à la chandelle où il nous a convié? La table n'en est que plus nette. *Tabula rasa!* s'exclame le philosophe. Le publicitaire renchérit. Dans le secret d'un bungalow de banlieue, la logique sanitaire du *Ziploc* et du *Tupperware* est portée à son comble par l'autosuffisance du mangeur, qui se dispense, en faisant bon usage de ses facultés digestives, de desservir la table, de laver la vaisselle ou de reconduire ses hôtes à la porte. Il ne reste aucun reste.

Loin de moi l'idée d'endosser cette immaculée conception. Je préfère refuser le plat d'immanence et abuser de la métaphore, comme d'autres du dessert. Je me souviens du petit Matias, au Barbare, accroché à la cuiller remplie de fruits de Ximena, comme avant à sa mamelle. *Picaboyo*, *pi-ca-bo-yo*, roucoulait Ximena, répondant au babil de Matias. Les barbares doivent leur nom latin, dit l'historien, à leur langue grommelante. *Picaboyo* est doux comme de l'eau fraîche. L'enfant ne contient en lui qu'un reflet rieur du barbare.

L'enfant comprend déjà le barbare et le cannibale, mais il apaise ses ambitions conquérantes dès qu'il tâte la chair convoitée. Nous commençons nos vies en nous nourrissant des sucs de nos mères, et certains d'entre nous n'arrêteront jamais de se ronger les ongles (sans parler de ceux qui cherchent quelque éphémère sustentation dans les sécrétions de leurs intimes replis – je suis poli). Nous pratiquons tous, à un moment ou un autre, des formes limitées de cannibalisme. Cependant, la plupart d'entre nous, observant les règles de bienséance, savent d'instinct s'arrêter avant d'enfourner leur mère, leur propre main ou quelque autre organe qu'ils sont occupés à goûter. Nos appétits se satisfont avant de mal tourner.

La civilisation a des manières. Elle nous préserve de certains abus. Ceux qui ont le goût des autres devraient tolérer de ne pas les manger, et voir dans leur compagnie le plus bel apprêt de la table. À dire vrai, le cannibale, qui ne peut se digérer lui-même, fait tout à moitié. Sa gourmandise n'intéresse que lui. Décidément, elle est barbare.

Heureusement que le Barbare, dans le cas qui nous concerne, n'est qu'un restaurant tout ce qu'il y a de plus civilisé. Nous l'avons quitté en paix, pour nos contrées respectives et relativement respectables, réconfortés, après un dîner en bonne compagnie, de ce qui nous ronge et que nous en viendrons, comme chaque fois, à écrire, faute de pouvoir bien le digérer. Après tout, on dit que les barbares sont à nos portes, et il ne faut pas inviter n'importe qui chez soi.

Picaboyo!

El d

Chairs convives

SALVADOR ALANIS LUEBBERT

Traduit de l'espagnol (Mexique)
par Caroline et Dominique Vera
avec la participation d'Alexandre Sánchez

– I –

Je rêve souvent de lents repas avec ceux que j'aime.

De longues tables sous la lumière oblique de la fin du jour, chargées de mets et de vins, nappées de la conversation intelligente de mes amis, de ma famille, de mes plus chers. La mémoire embellit ces repas où l'on sert des fromages baignés de sauce et où les plats défilent au milieu des sourires.

En réalité, de telles soirées finissent par être lassantes, de la pure mise en scène, et je n'ai jamais envie de m'y éterniser. Quand je me retrouve dans une de ces grandes réunions, je ne peux m'empêcher de penser au moment où je pourrai m'enfermer tout seul dans mon studio avec une tasse de thé, pour penser dans le noir.

– II –

Après avoir descendu quelques marches, nous nous sommes retrouvés dans un salon éclairé par des appliques murales, décoré de paysages à l'huile qui prétendaient dépeindre ceux de la région. Ximena s'est assise sur la chaise placée contre le mur. Le garçon nous a apporté le menu, et il nous a prévenus que, comme nous étions les premiers clients, le repas tarderait un peu, mais que nous ne regretterions pas l'attente. Puis, il nous a laissés.

Nous nous sommes regardés, Ximena et moi, sans broncher. Même à l'intérieur, il faisait froid. Nous pouvions entendre la rumeur de la cuisine où l'on préparait le banquet de cette soirée. Nous distinguions le bruit du métal et de la vaisselle, mais aucune voix. Nous étions très sensibles à l'accent de la région, si prononcé et triste. Le menu annonçait des plats dans un dialecte inconnu. Nous nous sommes regardés à nouveau, en silence. Dans la cuisine, les cuisiniers continuaient de travailler. Moi, je frottais mes joues mal rasées.

Au bout de quelques minutes, le garçon est sorti, il a acquiescé en nous regardant depuis la porte et est retourné à la cuisine. Ximena et moi avons échangé un dernier regard. La lumière s'est éteinte. Une totale obscurité.

– III –

Assis à table, nous nous apprêtions à célébrer une fête suédoise dans un restaurant de Malmö. Nos hôtes avaient distribué une transcription phonétique de *Helan Gar*, une chanson traditionnelle qu'on entonne avant de porter un toast au schnaps. La chanson déclare que celui qui ne finit pas le grand verre ne boira pas non plus la moitié du suivant, et son air a quelque chose de martial.

Le garçon a annoncé qu'au menu, on offrait une soupe de sang d'oie frais et de pomme. Les Américains qui nous accompagnaient ont préféré s'en passer. J'étais assis à côté d'un ami irakien et d'un Panaméen. Nous avons tous les trois savouré le goût subtil de la soupe, la consistance que lui donnait la compote de pommes, son arrière-goût métallique et insistant. Cette note obscure était camouflée par la saveur des morceaux de saucisse et des grumeaux de pomme.

À la fin du repas, on a demandé à chacun d'entre nous de chanter une chanson. J'ai choisi une chanson pour enfants dans laquelle les poupées d'un magasin de jouets sortent de la pénombre pour s'emparer des espaces qui leur sont interdits. Le lendemain, j'avais encore un goût de sang dans la bouche.

– IV –

Ce qui m'étonne le plus dans le cas de l'Allemand Armin Meiwes, le cannibale du Web qui a dévoré Bernd Brandes avec l'accord de celui-ci, c'est que Meiwes a reçu plus de deux cents réponses positives à l'annonce qu'il a fait paraître afin de rencontrer un homme entre 18 et 30 ans, costaud, se portant volontaire pour être assassiné puis mangé. Meiwes a publié son annonce sur des sites dédiés à l'anthropophagie, et des candidats de partout dans le monde se sont empressés d'y répondre.

Dans les transcriptions de son procès, Meiwes déclare avoir repoussé un grand nombre de ces candidats qui exigeaient de lui des préliminaires, comme de s'habiller de façon grotesque, de proférer des insultes ou encore de danser de manière obscène devant eux.

– V –

Tu me plais tellement que je te mangerais. La phrase évoque le goût de la peau sur la langue qui explore la chair, le goût des fluides qui lubrifient le sexe, le tâtonnement du plaisir dans ses plus obscurs replis.

– VI –

Il n'y a aucune source d'aliments qui puisse être considérée comme étrange. Poissons venimeux, insectes et leurs œufs, serpents.

– VII –

Dans son chalet en Allemagne, Meiwes a montré à Bernd Brandes, sa victime volontaire, la méthode exacte qu'il allait employer pour le tuer : le saigner dans la baignoire, le pendre à des crochets et le découper pour pouvoir ensuite conserver son corps pendant plusieurs semaines, au cours desquelles il le dévorerait. Le témoignage lors du procès et les documents obtenus par la police indiquent que Brandes était très enthousiaste à cette idée.

La perspective du cannibale favorise toujours celui qui dévore. On parle rarement de la possibilité du plaisir ou de l'excitation de la victime qui va se dissoudre dans l'appareil digestif de l'autre. Le discours du cannibale est celui de qui appelle et de qui trouve quelqu'un pour l'écouter.

– VIII –

Ce qui a condamné Meiwes, c'est son incapacité à garder le silence. Après avoir dévoré Brandes, Meiwes a recommencé à écrire sur les sites d'anthropophagie. Une fois de plus, il a reçu des réponses. Cette fois, Meiwes a expliqué à ses nouveaux lecteurs que l'expérience avait été merveilleuse, presque impossible à reproduire. Quelques enthousiastes ont demandé au cannibale de donner des détails, et celui-ci leur a décrit les saveurs et son plaisir à les éprouver. Ses lecteurs ont dévoré, page après page, ce manuel de la jouissance. Un d'entre eux a entamé un échange épistolaire avec Meiwes, convaincu qu'il ne s'agissait que d'une fabulation. Meiwes, excité, lui a envoyé des images vidéo qui montraient la réalité dans toute sa brutalité. Après les avoir vues, le lecteur terrorisé l'a dénoncé.

– IX –

« Que feras-tu de mon cerveau ? » a demandé Brandes. Meiwes lui a proposé de l'enterrer au cimetière. Une telle préoccupation est pertinente si l'on considère que le cerveau est le réceptacle des jugements et des sentiments.

– X –

Manger la cervelle de l'ennemi pour s'emparer de sa force. Après avoir vu les vestiges exposés dans un musée militaire, je n'arrivais pas à me défaire de l'image des guerriers fatigués avec, au fond de leurs casques, le sang et les morceaux de leurs adversaires vaincus. La neige souillée de rouge, mêlée aux restes des deux armées, et les chants d'un groupe sauvage et victorieux, étranglés par la colère et la peur, déchirent la nuit glaciale. Le festin éparpillé sur le sol, les corps décapités qui attendent leur tour pour remplir casques et heaumes puis être dévorés par les hordes épuisées mais avides d'achever le rituel. La victoire se savoure en bouche.

Après la visite du musée, j'ai retrouvé un ami qui venait de rompre ses fiançailles avec une femme asiatique. Malgré des sentiments encore vifs, il avait choisi de prendre une autre voie. Il m'a avoué qu'il ne se sentait pas encore prêt à abandonner son mode de vie et les activités solitaires que gênerait la présence d'une partenaire.

Pendant le dîner, il m'a raconté que, lors d'une visite dans la famille de sa fiancée, le père, un homme très riche, avait décidé de l'inviter à manger dans un endroit cher à sa famille. Ils ont pénétré dans un élégant salon avec de grandes fenêtres qui donnaient sur un jardin tropical. Ils ont trinqué, et sa petite amie le caressait sous la table. Quand l'heure du repas est arrivée, les serveurs ont dévoilé une ouverture circulaire dans le centre de la table. On a apporté des cuisines une petite cage dans laquelle se trouvait un singe qui avait la partie supérieure du crâne tondue. Les garçons ont placé l'animal de façon à ce que le sommet de son crâne dépasse par l'ouverture. Avec un couteau, un des garçons a rapidement fait sauter le couvercle osseux de la boîte crânienne, puis ils se sont mis à tourmenter le singe qui n'arrêtait pas de pousser des cris. Le père de sa fiancée lui expliqua que, plus le singe libérerait d'adrénaline, plus sa cervelle serait savoureuse. La famille entière attendit que l'invité prenne la première bouchée.

– XI –

Enfant, l'exploration orale du monde m'a fait mordre absolument tous les objets qui croisaient mon chemin. Je mordais les pattes de chaises, les coins de murs, l'écorce des arbres. J'ai failli m'étouffer en me mettant une pièce de monnaie dans la bouche. En mordant un morceau d'aluminium, je me suis coupé les lèvres et j'en ai gardé une petite cicatrice sur la lèvre supérieure. C'est à cette époque que j'ai commencé à aller à l'école.

On m'a assis à côté d'un garçon qui avait toujours le regard perdu et un sourire étrange. Les premiers mois se sont déroulés sans incident. Mon camarade répondait à peine à mes questions et s'exprimait davantage seulement quand il lui semblait que la maîtresse avait dit une bêtise. L'école était grande, avec près de trente élèves par groupe, tous issus d'une classe moyenne aisée. On nous faisait porter un uniforme vert qui avait deux modalités : pantalon ou culotte courte avec bretelles. Pendant la récréation, nous attachions le bouton inférieur de nos chandails et nous nous nouions les manches autour du cou pour faire comme une cape. Nous courions les bras tendus comme des superhéros. Dans la cour de l'école, il y avait une fontaine toujours vide. C'était le meilleur endroit pour nous bagarrer et pour bien montrer aux autres que nous avions le contrôle absolu sur notre territoire. Nous étions organisés en bandes. Moi, j'étais dans la bande d'Ernesto de la Torre, mais je ne suis pas sûr qu'il le savait. L'autre bande importante était celle de Tobi, un gamin au regard violent, doté d'une grande force physique, et qui deviendrait, des années plus tard, un bon copain à moi. Dans la cour d'école, mon compagnon de pupitre se tenait seul, en retrait, sans arrêter de sourire, et observait nos combats. Il balayait la scène du regard sans rien comprendre. Il regardait sans regarder. Je me souviens qu'il savourait le vide avec ce rictus sur les lèvres, assis sur le bord d'un banc en mosaïque.

Quand nous rentrions en cours, sa passivité le transformait en monstre. Dès que la maîtresse se mettait à nous enseigner nos premières lettres et nos premières poésies, mon compagnon se mettait à me frapper doucement sous le pupitre. Au début, je n'y ai pas trop fait attention. J'ai attribué le premier coup à un sursaut incontrôlé, plutôt normal. Ces coups fortuits se répétaient plusieurs fois pendant la classe et atterrissaient dans mes côtes ou ma jambe droite, la plus proche de mon camarade. Pendant qu'il me frappait, mon camarade ricanait sans rien dire et regardait le tableau noir de son regard trouble. J'étais une personne très paisible. Je n'aimais pas confronter les gens. Si mon camarade de classe me frappait, c'était sûrement parce qu'il avait besoin de le faire, ou alors parce que c'était sa façon d'établir un lien avec moi. En plus, au début, il ne me faisait pas vraiment mal. Les coups volaient sur une distance trop courte pour me blesser. Une fois sa poussée violente terminée, mon compagnon restait là, souriant, à gribouiller sur le papier. Une fois, je crois même l'avoir entendu fredonner.

Un matin, il avait apporté un presse-papiers en verre à l'intérieur duquel flottaient des bulles et des formes bleues et rouges. Il l'avait déposé sur son pupitre, et le regardait d'un air sérieux. Je lui posai une question sur cet objet, mais il ne me répondit pas. La classe se déroula normalement. On nous apprenait à écrire la lettre « S », ce qui, pour des raisons évidentes, était important pour moi. Au moment où la maîtresse parlait des tracés et les dessinait lentement sur le tableau, je sentis une décharge dans mon omoplate, et tout mon corps se replia vers l'avant. Quand je me relevai, je vis mon camarade avec le presse-papiers dans la main, regardant le tableau avec son sourire égaré. Je voulus tout d'abord rendre le coup, mais à ce moment-là la maîtresse se retourna pour me regarder, et la stupeur me paralysa. À la fin du cours, mon camarade se rua vers la porte de l'école, où sa mère l'attendait.

Je n'ai plus jamais revu le presse-papiers, mais les coups se répétèrent, de plus en plus forts. J'y répondais à coups de coude, en rouspétant. Un matin, mon camarade avait un mot fixé d'une épingle à son chandail. Je ne me rappelle plus ce qui était écrit dessus, et d'ailleurs la maîtresse n'a rien remarqué non plus, mais, pendant le cours, je sentis que le tissu de mon pantalon était mouillé du côté droit. J'avais la jambe qui me brûlait, et le sang avait laissé une petite trace sur le tissu. Mon camarade regardait le tableau. Quand je lui mis un coup de coude dans les côtes, il se retourna vers moi d'un air surpris, comme s'il ne comprenait pas ce qui se passait. La tache de sang de ma blessure à la cuisse droite ne se voyait pas très bien, et j'étais le seul à en avoir connaissance. Le lendemain, mon camarade me lança un regard angoissé, puis il serra mon bras de toutes ses forces. Il m'enfonça les ongles dans la chair jusqu'au sang, tandis que je cherchais à me libérer en lui flanquant des coups de poing et des coups de pied. Quand il me lâcha, il éclata de rire, puis redevint muet et riva ses yeux sur le tableau. Mon bras m'élançait, et je sortis me laver aux toilettes.

À partir de ce jour-là, l'incident de l'épingle allait se répéter plusieurs fois, et je devais rester sur mes gardes pour éloigner son bras, frappant le garçon le plus fort possible, jusqu'au jour où j'ai remarqué qu'il avait des grands ciseaux pointus dans sa trousse à crayons. Il sortit les ciseaux, une pierre et une épingle et, tout en souriant, il les déposa sur son pupitre, devant son cahier. À ce stade-là, ma jambe droite était couverte de bleus et de blessures assez sérieuses, et une des marques de ses ongles dans la chair de mon bras s'était infectée. Quand je vis les ciseaux, mon camarade remarqua tout de suite que j'avais la peur au ventre, et je lui demandai, sans btenir de réponse, pourquoi il les avait apportés. Je ne pouvais me concentrer sur les exercices de calligraphie que nous présentait la maîtresse. Je ne pouvais que surveiller du coin de l'œil les mains de mon compagnon, qui par moments jouait avec la pierre en souriant. En plein milieu d'un exercice, il prit les ciseaux de la main droite et leva le bras. Je lâchai mon stylo et bondis en essayant de me libérer du pupitre, mais je trébuchai. Quand il fit le geste qui devait enfoncer les ciseaux directement dans mon épaule, j'immobilisai fermement son poignet de ma main gauche, déviant la trajectoire du coup vers mon cahier, qui fut déchiré de bas en haut. Alors, je levai son poignet et mordis son avant-bras de toutes mes forces, enfonçant mes incisives dans sa peau. Je sentis l'épingle me transpercer les cuisses et les côtes, pendant que mon camarade hurlait. Le sang coula jusque dans ma bouche, et ma langue en savoura le goût mêlé à celui de sa peau salée. Le goût du sang me fit oublier la douleur et les élancements, et je parvins à introduire ma langue dans la blessure profonde que je venais de lui faire dans le bras. Les autres élèves essayaient de nous séparer, mais ce sang, que je suçais avec plaisir, me fit oublier la peur, la colère, ou tout autre sentiment qui pourrait m'empêcher de boire encore de cette boisson tiède mêlée de morceaux de peau qui se déchiraient et que j'avalais, heureux en quelque sorte.

– XII –

La liturgie dit : « Prenez, et mangez-en tous, ceci est mon corps, livré pour vous. »

– XIII –

J'évite les restaurants où je peux voir les homards avant qu'ils meurent.

– XIV –

La morsure humaine est extrêmement dangereuse. Elle peut transmettre des microbes anaérobies qui provoquent des infections mortelles difficiles à traiter. En plus, les dommages aux tendons et autres structures qui se trouvent sous la peau peuvent, dans un premier temps, passer inaperçus.

– XV –

Dans les années soixante-dix, tout le monde connaissait l'histoire d'un restaurant de la ville de Mexico, poursuivi parce qu'on y vendait de la viande de rat. On disait qu'un jour un client un peu fouineur avait trouvé dans l'établissement une pièce consacrée à l'élevage de rats, prêts à être cuisinés. Pour sa défense, le propriétaire du restaurant déclara que jamais il n'avait affirmé qu'il servait de la viande de bœuf et que, dans son menu, on annonçait des filets à la braise, sans spécifier le type de viande. Il ajouta que ses rats étaient élevés conformément à un strict code sanitaire.

À l'époque, on disait également que des femmes avaient transformé leurs ennemis en *tamales,* pour ensuite les vendre à une foule affamée.

– XVI –

Nous nous levons pour parler. Nous parlons des heures durant, et l'audience nous écoute patiemment. On dit qu'elle se nourrit de nos paroles. Nous ne pouvons pas éviter d'être contrariés par tous ceux qui ne les absorbent pas et les laissent tomber dans le vide de la nuit.

– XVII –

Dans le noir total, Ximena et moi avons dîné dans un restaurant situé dans une cave, en Normandie. Les plats étaient servis suivant un rituel d'obscurité et de silence. Je me suis souvenu que la nourriture est reliée aux émotions.

Montréal, le 19 juin 2006

Chère Karoline,

J'ai lu, dans le livre *Orange* qui n'en est pas une (orange[1]), que tu n'aimais pas manger avant de découvrir l'abstraction concrète des matières mangeables et du corps mangeant. Si tu veux, je te réserve une place à *La Table des matières*. Comme son nom l'indique, on y mange ce qu'on veut.

La Table des matières te permettra de mettre à profit la machinerie en toi, et de nous faire goûter à tous tes produits dérivés. Tu pourras partager avec des convives ouverts de bouche et d'esprit – et profonds d'estomac – le dialogue philosophique dix-huitiémo-vingt et uniémiste que tu entretiens avec toi-même et les matières qui te composent.

J'espère te mettre en appétit, aussi abstrait soit-il.

d

1 Voir le collectif dirigé par Mélanie Boucher, *Orange : l'événement d'art actuel de Saint-Hyacinthe*, Saint-Hyacinthe : Expression, 2005, 250 p.

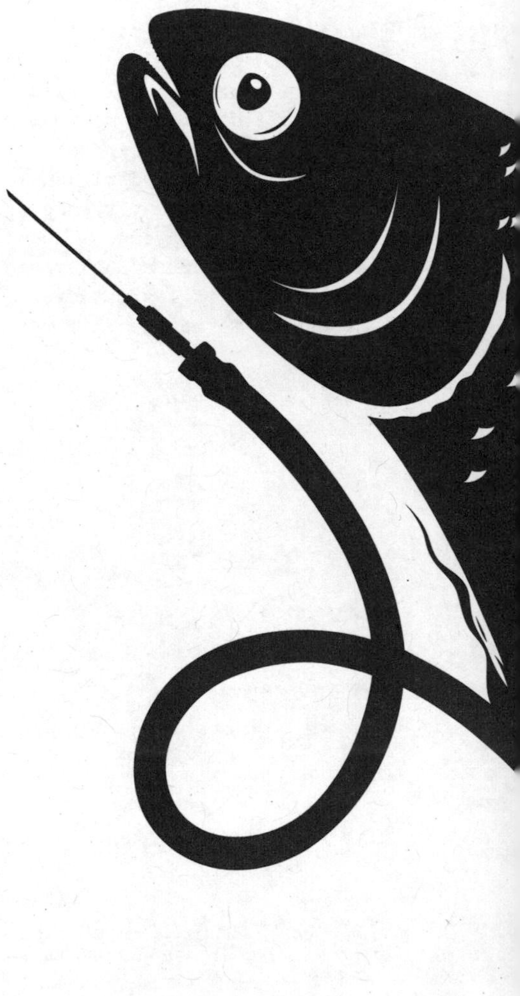

Menu détail

Karoline Georges

Un verre d'eau, déposé proximité main droite : eau de l'aqueduc ? je demande ; eau locale triplement filtrée mademoiselle, qu'il sourit ; ne pas, NE PAS ; j'inspire, j'ouvre l'œil à l'indienne pour saisir le contexte, pour m'y fixer sans regarder; autour ça va, il y a lignes de mobilier et nappes et rideaux coordonnés ; il y a murs bien droits et quelque part le nord à un point précis, un point ouvert sur l'absolu de la flèche du temps qui doit courir là où c'est immaculé exactement, oui voilà le calme au corps, plus aucun pincement émotif, ne pas réfléchir, ne surtout pas observer ces grappes de bouches ouvertes, tous ces vous, ces tu, ces ils affamés, où s'entassent miettes et morceaux, où se décompose au ventre un magma acidifié, non je ne pas, mais trop tard, les images précises affluent au cerveau : entrailles nouées de purée alimentaire d'eux tous, des millions autour, des cuvettes toutes reliées au même fleuve, déjections simultanées, milliards d'amas informes dans les eaux civiles, et leur véritable substance, un nœud d'angoisse + médiocrité + résignation, détritus émotifs infusés à tous les confluents ; j'imagine fixement, sans toutefois les odeurs, sans l'épreuve de la texture, mais j'aperçois, en synthèse nette, ces poussées sans cesse répétées, la souillure permanente pressée aux filtres du système d'épuration, alors je repousse le verre d'un semblant de geste, sans toucher la chose, juste une manière de protection ; je prendrai plutôt une eau effervescente, extrêmement bullée ; avec citron ? qu'il insiste ; évidemment pas, mais la bouteille bien étanche, un verre court, froid, je procéderai moi-même au remplissage.

Au nord la cuisine, source d'énergisation qui jaillit en ligne droite vers moi, direction sensée ; mais au sud vous, silencieux recourbés sur menu, sur fourchette, le visage par la mastication distordu, regard inopérant, et trop de postures abominables, ventres épanouis contre tables, oui si mous, agités par rots et respiration ; il faut que j'apprenne à ne plus voir les poils de vos avant-bras, si près du contact entre bouche et bouchée ; ne pas capter ces éclats de rire ponctués de résidus sur dents et gencives, ou pire, débris éjectés tels projectiles terroristes exaltés ; ne surtout pas mesurer notre proximité, car c'est violent, l'acceptation nonchalante de la déglutition ; effroyable l'empressement, l'avidité à remplir, à fourrer vos bouches, rythme frénétique, vous piquez mordez sans latence, vous salivez avalez sans contrôler l'intrusion, sans suspicion ; alors c'est trop, j'enjambe l'allée direction coulisses, je m'enferme à la cuvette, à vous vomir, vous et vos corps hystériques.

Rideau à l'est, tel un filtre, ni beige ni fripé, exactement blanc ; je puis respirer, amplement, avec l'impression d'un masque plaqué au visage, avec l'idée d'un linceul aussi, en supplémentaire autour de mon aura ; il suffit de visualiser ma bulle, un champ énergétique impénétrable, une capsule de protection totale, trois mètres d'épaisseur de cloison magnétique ; de la cuisine au vestibule, du comptoir à desserts à la plus éloignée des banquettes, quiconque m'observera n'y verra que lui-même ; pour vous tous clients aux entrailles frémissantes je suis sous bulle-miroir = invisible = invincible, mes mains à plat sur la nappe, pour lisser, lisser, nappe mon espace je susurre à l'intention des oreilles autour ; je délimite l'aire de mon alimentation, inspiration, expiration, je suis ici, plus aucune trace du dernier client, il n'y a que moi, exactement maintenant, je peux prendre place vraiment, moi et nappe immaculée, mes mains bien lisses.

Et voilà la bouteille, je reviens avec le menu mademoiselle ; détonation aux oreilles et cerveau, or c'est au front que je rougis, car le garçon a vraiment dit, non il a *affirmé* ; mais garçon veuillez patienter pour le menu, je dois faire préliminaire, fantasmer une faim, un appétit tranquille, autrement si vous m'imposez cul-sec l'abondance du choix avant que n'éclose en moi une ouverture signifiante je serai outrageusement révulsée ; lorsque tout sera accompli je vous ferai signe, soyez assuré ; autre chose mademoiselle ? qu'il siffle ; ce n'est pas une question, plutôt de l'exaspération, et je comprends, mille fois je dois répéter partout comment j'exige mille ajustements parce que c'est l'urgence des intentions divergentes qui s'orientent expéditives, par-delà ma présence, mais je suis, moi, ici, avec les mots pour signifier mes nécessités, alors je ne pas, je désamorce l'idée de gifle qui me vient subite, cette pulsion en germe de ma main lisse sur nappe propulsée en claquement sec contre la joue flasque du garçon ; j'offre plutôt le sourire, pour simuler l'empathie, pour surligner l'inaptitude des êtres à se rencontrer, et je souris encore plus droit, au possible d'un idéal d'équanimité ; je ne veux pas vous détester aussi rapidement jeune homme, pourtant vous compliquez mon humeur ; n'approchez donc pas avec le menu avant que je ne lève la main droite et ne posez plus ce regard chargé négativement sur ma personne, c'est périlleux pour mon appétit.

À l'ouest on entre par grappes ; ils sont innombrables, et j'entends le couinement de l'acide gastrique de chacun ; les bulles de salive qui éclatent entre langue et lèvres, mais l'ouest n'est que trajectoire ultérieure ; ne pas m'y projeter avant terme, même si la nausée encore, car je suis ici pour devenir, car mon potentiel ne sera effectif qu'après nutrition, car je ne suis presque plus à l'instant qu'une faim à combler, qu'une insatisfaction, une inquiétude à calmer, celle du corps qui ne sait jamais si je vais choisir au menu ou m'éclater la cervelle à la cuvette dans trois minutes, mon sang coulé aux égouts, une chair ruisselante immaculée offerte en buffet silencieux pour mouches et vers, voilà l'image qui dissout la faim, voilà je patiente, et je deviendrai encore un peu plus c'est décidé, je m'épanouirai au faîte d'une bouchée pour initier une nouvelle propulsion ; oui me souvenir : je choisis mon acide gastrique synchrone avec vous tous, je mouline aux entrailles, et je ne pas déversée en jet rouge dans les eaux civiles.

Me concentrer sur l'essentiel, sur l'intention, le projet : je suis corps à nourrir; non pas l'angoisse, pas ce nœud au cœur, pas cette crampe en tête, je ne suis pas obligée d'avaler quoi que ce soit, que ce que je porte moi-même à ma bouche propre, que ce que j'aurai examiné, senti, que ce que j'aurai envie de mastiquer + goûter + ingérer; et je ne suis pas obligée de réfléchir aux odeurs, à ce relent de chair morte qui m'asphyxie; ce n'est pas moi grillée, pas moi qui bouillonne, je ne suis pas désossée, à vif entre lame et planche de bois, je ne suis pas congelée sous vide, je suis vivante donc il me suffit de l'idée de ce que je vraiment et comment, par nutriments, par opérations multiples et continues, oxygénation hydratation nutrition digestion, alors faire comme si, en détaillant le menu sans trop imager, surtout pas d'effroi advenant le mot *friture*, pas de nausée en cas de marinade, je ne suis ni purée ni gelée ni obligée de rien, je peux prendre le menu, le saisir à deux mains, ou le déposer sur table advenant une texture de papier trop lustrée, je peux m'en tenir à la section *entrées*, je suis libre et puissante, toute moi exactement ici, avec la sortie à l'ouest; lever la main droite, lever lentement, lever.

Voilà une liste de prix raffinés, jolis sans décimale, contraste délicat sur fond impeccable, avec l'italique ça forme féminin, ça n'agresse en rien; triple interligne au menu ça respire, je peux m'arrêter dans l'interstice entre deux synopsis, faire le vide, oublier la proposition précédente ou faire bilan, noter sur dix à quel point je pourrais mettre en bouche ou expulser l'image trop forte qui déçoit le pressentiment gustatif; et je découvre : *esprit printanier*, ça résonne léger en tête, sans appuyer, on énumère pousses et fleurs, avec épices fraîchement cueillies, et je me pose en questions complémentaires au chef, bien plantée devant son comptoir; je veux contempler le bac à légumes je dis polie, prendre connaissance de l'espace alloué entre viandes et végétation question vibration sanitaire; mais qu'est-ce que ces mollesses de feuilles ? qu'est-ce que ces hachures de pousses ? votre manucure aussi permettez-moi un œil ou deux, l'immondice se loge sous l'ongle c'est invariable; et que ne pas monsieur? mais j'insiste, j'exige vérification de la source de l'assiette, votre manière et votre humeur, je dois analyser, dynamique de l'équipe, souci de vitalisation de la clientèle, pureté de volonté du restaurateur, énergie du maraîcher, état d'esprit du distributeur, qualité d'être de votre magasinier : tout ça compte au total, car je vous avale tous, votre présence malaxée à chaque bouchée; laissez-moi choisir en toute conscience des faits.

Suis-je de l'Inspection ? est-ce une question de permis ? est-ce une critique médiatique ? voilà donc vos uniques préoccupations ? le possible d'un bouche-à-oreille pathogène ? votre réputation vinaigrée ? mais c'est lamentable, car je suis ici avec faim, l'ensemble de mes organes tributaires de votre savoir-faire, j'entre ici pour exister davantage, pour carburer au sublime d'une opération culinaire maîtrisée, car vous êtes le catalyseur des énergies de la matière, vous êtes celui par qui pénètre en moi le continuum existentiel, vous êtes incommensurablement responsable, et tout concourt à votre transmission, la suite de vos pensées, entre la main qui saupoudre et celle qui structure, et l'équation du vivant, cette synergie que vous manœuvrez au creux du plat ; la moindre émission d'émotion souille l'aliment apprêté, un geste impatient impose choc et traumatisme à la substance qui communique l'exacte mesure de votre impulsion à l'estomac qui la digère ; n'avez-vous pas honte de créer à nourrir sous cet éclairage blafard, avec ce tablier dont la coupe évoque la défroque cynique de l'hérétique, avec cet inquiétant surplus de poids qui inflige au psychisme du client une lourdeur qui interpelle la mort ?

À quel moment ai-je tourné l'œil, garçon? au carré de la poubelle? au gluant d'un bout de gras écrasé sous pied? parce qu'une odeur extrémale, une tête de légume flétrie? j'ai eu ce frisson, un avilissement de l'appétit, avec en bouche un avant-goût faisandé, oui, une fureur des sens à percevoir l'exacte nonchalance existentielle en ces lieux, mais qu'importe n'en parlons plus, car voilà l'ordinaire, la médiocrité usuelle du commun; il n'y a pas matière à stupéfaction, qu'un constat clair et cru; d'ailleurs c'est déjà oublié, et votre service insolent, et votre clientèle déféquante, et votre ignare cuisinier, puisque enfin j'ai choisi; oui notez garçon, notez : un masque à oxygène maximum puissance je vous prie, qu'on me ligote sur civière, qu'on m'amène sous le néon de la salle d'urgence, là où chacun s'agite hygiénique; qu'on me décontamine sous bulle de plastique, qu'on me plante au bras gauche le tube aseptisé, et que coule en moi ce fluide synthétique, juste à point salé sucré, ce nectar neutre, inodore, incolore, que je ne mastique ni n'avale, cette source qui ne provient d'aucune carcasse putréfiante empalée sur fourchette, ce condensé dis-je de matière essentielle, de molécules impersonnelles, ce flux si pur qui clarifie chaque fois mes veines; oui je prendrai sérum et un peu d'eau, et je consommerai l'ensemble bien isolée, sous béton capitonné si possible, et ce sera tout, merci.

Montréal, le 17 février 2006

Cher d,

Je t'écris à toi-même pour t'inviter à ta *Table des matières*. Je sais que tu accepteras, malgré les risques que cela comporte. Courage, petit! Souviens-toi que le jugement des autres, en un sens qu'il faut faire sien, n'est rien de plus qu'une chose en soi.

Je sais bien que tu ressens, à chaque nouveau projet, l'angoisse de te sentir un écrivain sans livre. Pourtant, il y en a tant eu, déjà, en toi, des choses, des livres ou quelque chose comme. Contrairement à ce que certaines mauvaises langues veulent te faire croire, la littérature ne lit pas que des romans. Qui plus est, elle ne fait pas que s'écrire. Après des années bien remplies de photocopoésie (ou quelque chose) et d'abandon critique, tu persistes à croire que la littérature peut se vivre ensemble avec mesdames messieurs son lecteur et ses écriveurs, avec les gens qui ne pensent pas qu'à ça et qui font dans les mille-mots-sans-rien-dire (comme on dit), de toutes les façons et de toute façon. En d'autres mots, il n'y a pas que ça, quoi que cela soit, dans la vie. Il y a toujours et encore la vie, et *ça*, déjà, devient si facilement *cela*.

Au bout du compte (comme on dit aussi), son livre aussi lui fait son compte, à la littérature, et si tu tables tant sur ta *Table des matières*, c'est que tu sais bien que, si on a beau tenir nos livres en main, ce sont bel et bien eux qui tiennent tout ce beau monde et ces belles choses dont nous parlons ensemble. À quoi ressemblerait un livre sans écrivain? On ne la gobe plus, celle-là, depuis le coup de la Bible et la mort de l'auteur. Je clame haut et fort, en ton nom, qu'il n'y a pas d'écrivain sans livres, et je t'enjoins de continuer de t'appliquer à tes nobles travaux, quoi qu'il t'en coûte.

Tautologique-toi! Tautologique-nous tous et tout! Rappelle-toi, il y a tant à dire, encore et toujours. Allez! N'aie pas d'autres attentes. N'hésite plus un instant! Ajoute allégrement au nombre des choses qu'on s'invente pour être moins seul en soi.

D

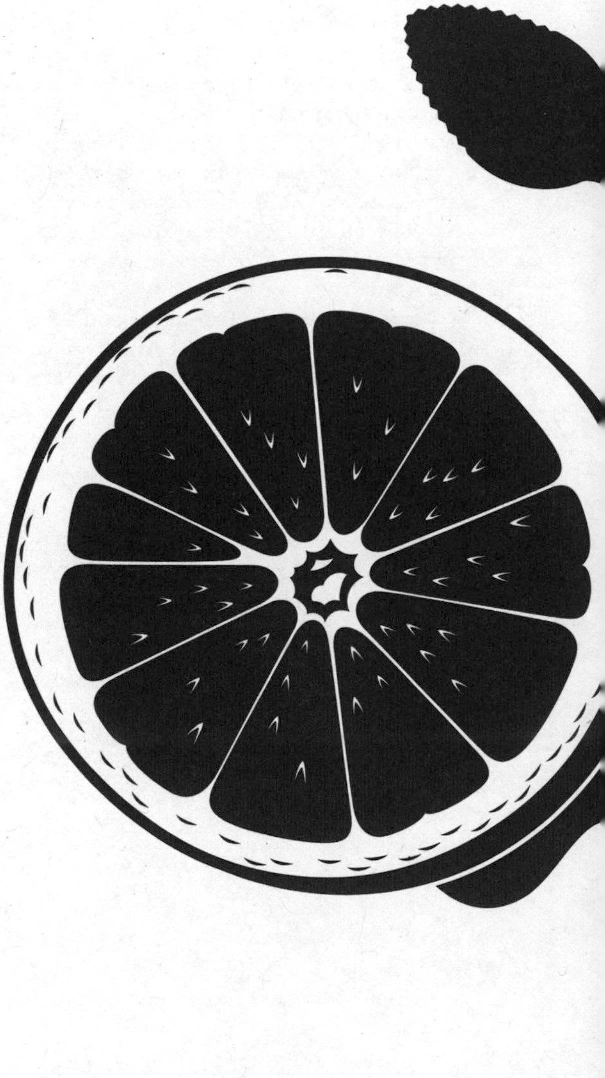

La cuisine de nos mères

Daniel Canty

LEÇON

Pour ne pas finir là, commençons par une morale.

À chaque jour de notre enfance, nos mères ont réussi à nous convaincre que le monde, l'instant d'un repas, tenait au fond d'une assiette. Quel fléau terrible s'abattrait sur ceux qui ne finiraient pas leur plat ? Il fut un temps où nous aimions assez ce que nous mangions pour ne pas avoir à nous poser cette question.

Nos mères connaissaient toutes les recettes des fées, et toutes celles des sorcières. Elles savaient en user pour nous faire revenir à leur table, et nous garder auprès d'elles. Cordon-bleu. Cordon ombilical. Le lien nourricier qui nous lie à nos mères au moment de nos naissances a beau être coupé, nous continuons longtemps d'en éprouver l'invisible élasticité. Les enfants sages peuvent jouer dehors tant qu'ils le veulent, ils devront tôt ou tard revenir à la cuisine de leurs mères.

Comme on sait, il était une fois.

—◆—

BOUCLES D'OR
(dessin animé)

La forêt des contes fourmille d'enfants égarés. Voici Boucles d'or dans sa jolie robe et ses rubans. Elle croise la demeure des Ours, un spacieux arbre creux, comme il n'en pousse que là. À l'intérieur, une aire ouverte combine cuisine, salle à manger et chambre à coucher. Les Ours savent bien vivre. Les choses sont en ordre, et la petite s'y reconnaît. La table est mise, de grand en moyen en petit bol. Les lits sont faits, dans la même séquence. Père, mère, petit. Les contes contiennent d'utiles leçons. Boucles d'or est affamée, et Boucles d'or est épuisée. Elle sait ce qu'elle veut. La petite mange, la petite dort.

Quand la famille revient chez elle, les bols sont vides. Le petit découvre son lit occupé. Boucles d'or est belle comme la peluche qui, de jour, dormait à notre place. Comment ne pas l'adopter ? Au pied du lit, Ourson (qui est si innocent et si pur) demande : « Est-ce que je peux la garder ? » Et Mère Ours (qui est si belle) murmure doucement à Père Ours (qui est si fort) : « Après tout, chéri, une enfant n'est qu'un ours à qui il manque le poil. Et elle aime autant le miel que nous. Faisons-lui sa place. »

Boucles d'or s'éveille à une nouvelle famille. Elle aura un lit. Elle aura un bol. Père Ours travaille bien le bois. Il combine en un seul hours (homme + ours) les vertus de papa et de nounours. Son torse, ample comme un oreiller, est si chaud et doux qu'il suffit d'y poser la tête pour immédiatement s'assoupir et oublier tous les dangers du dehors. Mère Ours prépare les repas, panse les blessures et embrasse le front des enfants fatigués avec de constantes caresses de miel. Et Ourson, lui, a enfin une compagne pour partager ses jeux, et une sœur à protéger. De jour en jour, il ressemble un peu plus à Père Ours.

Pour Boucles d'or, raconte ce conte, il n'y pas d'autre morale à une cuisine qu'un repas, pas d'autre morale à une chambre que le sommeil. Peu importe s'il est un Ours ou s'il est une petite fille, pour l'enfant, une maison est une maison, une famille, une famille.

Longtemps, rien ne change. Puis les parents de Boucles d'or se présentent enfin à la porte des Ours, accompagnés de chasseurs. Elle sait bien que tous les jeux ont une fin, et que certaines vérités pèsent davantage que d'autres. Quoi qu'on fasse, vient toujours un moment où il faut rentrer chez soi. Boucles d'or n'entendra plus Mère Ours, sur le seuil de l'arbre creux, l'appelant à dîner.

Son destin de petite fille est ainsi fait qu'il y aura toujours pour elle, quelque part, une table dressée où souper avant de dormir. Elle s'en réjouit et oublie. Pourtant, nombreuses sont les nuits où, la tête pressée sur le cœur silencieux de Nounours, elle reprend le sentier vers l'arbre creux. Cette nuit encore, elle y entre et n'y retrouve que l'obscurité du dehors. Manger est pour demain. Dormir est pour ailleurs.

LA CUISINE DE NOS MÈRES

Ma mère est une cartésienne du foyer. Sa cuisine est un joyau d'économie familiale. Chaque soir avant de se coucher, elle apprête la table, qu'elle appelle «comptoir», pour le petit-déjeuner. Nous dormons déjà quand elle s'affaire. Elle dispose silencieusement les couverts pour toute la famille. D'un côté, maman et papa. De l'autre, mon frère et moi. À l'extrémité, là où la table s'imbrique dans la poutre de la cuisine, est posé le bol à fruits, qui contient des tangerines, des bananes, et parfois une grappe de raisins.

Un pot en faïence blanche, émaillé d'idéogrammes noirs, que les meilleurs amis de mes parents (je les appelle ma tante et mon oncle) ont ramené du Japon, est posé à côté du bol à fruits. Il contient les petites cuillers. Au matin, les bols en *CorningWare*™ incassable (ce n'est pas vrai) sont posés sur les «petites assiettes». Les repas prennent de l'ampleur au cours du jour, et les grandes assiettes sont réservées au souper. Les pourtours des assiettes, légèrement relevés, sont ornés de motifs floraux d'un vert vif. Des tasses sont posées aux places de mes parents. Elles ne sont agencées ni aux couverts ni l'une à l'autre. Celle de mon père est plus grande et brune. Celle de ma mère, plus effilée et bleue. Ces deux-là sont vraiment inséparables. Mon père arrive à la maison dans son bleu de travail. Ma mère l'accueille dans son tablier aux tons de terre. Mon frère et moi avons chacun un verre à jus. Il y a des couteaux à côté des assiettes, et ma mère a glissé un napperon de tissu (assorti) sous chaque couvert, pour prévenir les dégâts et enjoliver l'ensemble.

En l'absence d'une tasse qui me ressemble, j'ai ma fourchette. Malheureusement, le matin, les fourchettes sont rarement nécessaires. Aussitôt qu'un déjeuner de crêpes se présente, je ressors mon ustensile du tiroir. Dans son manche sont gravées, en petites capitales, la première lettre de mon prénom, suivie des deux premières lettres de mon nom de famille, DCA. La graphie correcte de mes initiales est pourtant ORDC. On dirait une locution latine, à inscrire dans la pierre d'un monument. Il y a tant de choses que j'ignore. Je m'approprie sans doute le logogramme d'un fabricant de composantes industrielles. Je sais que le DC-9 est un avion. Le DCA serait-il l'as de la flotte? Certains faits historiques ne m'effleurent même pas la conscience. Je ne connais rien sur les batteries antiaériennes ou la *Luftwaffe*. Peu importe les carences dans mon éducation, une brillante carrière m'attend. Mon frère (YCA), a adopté le plus petit des couteaux à beurre, inutile vu la prédilection maternelle pour la margarine. Ce couteau sans violence ne m'en impose pas. Il est tellement moins excitant que ma fourchette à initiales.

Quatre chaises de bois aux sièges et dossiers recouverts de vinyle entourent le «comptoir». Il chevauche la ligne de partage entre la cuisine et la salle à manger. De notre côté, le linoléum de la cuisine. Du côté de mes parents, un plancher de bois franc. Papa et maman préservent la pureté de la salle à manger, où on ne mange que lorsqu'il y a des invités. Cette pièce contient des reliques de l'enfance de ma mère. La table, le vaisselier et le buffet de chêne massifs, offerts par mes grands-parents à leur fille à l'occasion de son mariage, appartiennent à une autre époque. Quand on mange ici, c'est sur une nappe de dentelle, dans de la porcelaine, en compagnie de parents ou de rares amis en visite. Autour de cette table, je découvre la vie passée de mes parents. La plupart des jours, la salle à manger ne sert qu'à nous rappeler qu'il y eut, et qu'il y aura, une vie ailleurs.

Dans quelques années, le comptoir de la cuisine sera remplacé par un îlot sur roulettes, plus élevé, disposé à angle droit par rapport à l'ancienne table, et entouré de tabourets. Papa à un bout. Moi à l'autre. À mon côté, mon frère. Entre eux, ma mère. L'autre versant est occupé par le bol à fruits et le pot japonais, recollé à la suite d'une chute, sa surface marquée par une subtile cicatrice. Elle y est encore. Le temps est irréversible.

Bientôt après l'avènement de l'îlot, mon père abattra la paroi qui sépare le salon et la salle à manger. Tapis. Bois franc. Linoléum. Salon. Salle à manger. Cuisine. Aujourd'hui encore, les trois pièces ne semblent plus que des modulations d'un seul espace.

TUBE À VIDE

Les samedis matin, mon frère et moi nous éveillons avant ma mère. Mon père, qui est machiniste, est déjà parti à l'usine faire de l'*overtime*.

Nous descendons au rez-de-chaussée pour nous agenouiller, encore en pyjamas, sur le tapis devant le téléviseur du salon. Ce meuble de bois, épais comme un tronc, est lourd comme un autel. Au centre, l'écran verdâtre du poste noir et blanc. À gauche, un tourne-disque (sous couvercle) et son unique enceinte acoustique. À droite, un cabinet à alcool, où ma mère range les bottins de téléphone. Au-dessus, sous l'autre couvercle, les contrôles du poste.

Bzt. Le poste s'allume et s'éteint avec un craquement électrostatique. Une étoile blanche éclate au fond du tube vert. Les émissions surgissent du néant ou y retournent. La science est savante. La télévision est éducative. Un ballet atomique suscite l'image d'autres mondes au fond d'un tube à vide. Les émissions nous amusent. Les atomes sont de petites balles, les planètes, de grandes. Dans le tube du téléviseur, comme dans l'espace intersidéral, il n'y a pas d'air. Le vide scelle la solitude de chaque monde.

La télévision m'aide à réfléchir au lien entre nos avenirs et la pluralité des mondes. Dans une scène supprimée de la plupart des versions télévisuelles de 2001 : *l'odyssée de l'espace,* des astronautes en route vers le monolithe dînent sur les banquettes d'une chenillette lunaire. Un Américain à la chevelure d'acier et à l'accent du Midwest (twang, twang) a envie de *roast beef*. Son collègue souriant extrait un tube d'une glacière. De ce côté-ci des choses, il n'y a que le dentifrice qui s'accommode d'un tel format.

L'avenir se prépare. En attendant, il faut se satisfaire autrement. Pendant les pauses publicitaires, mon frère et moi préparons en vitesse rôties ou céréales. Nous revenons, plats en main, devant l'écran. Le temps est précieux, et il ne faut pas rater une minute de la programmation.

Quand nous serons grands, nous travaillerons comme notre père. Nous mangerons en cours de route, ailleurs qu'à la maison. Nous vivrons dans un autre monde, loin de la cuisine de nos mères.

RÔTIES MINIMA

Rôtir une rôtie. Verser du lait sur des céréales. Telles sont les manifestations minimales de l'art culinaire. (Plus tard, ce seront les pâtes.) Nous avons accès au grille-pain et au tiroir à pain. Dans le garde-manger sont rangés, dans des bacs individuels, les confitures, les beurres et les gelées, au-dessus d'une rangée de boîtes de céréales, des plus nutritives (i. e. *All-Bran*™) aux plus sucrées (i. e. *Franken Berry*™). Le frigo contient le lait, les jus et la margarine et, dans un tiroir destiné aux viandes, les oranges et les pamplemousses des matinées, mêlés aux pommes des midis. Dans le bol à fruits posé sur la table de la cuisine, les bananes reposent, allongées sur leur dos.

Nous avons chacun nos préférences alimentaires. J'aime les beurres. J'affectionne le *Nutella*™, très européen. Je le préfère au *Map-O-Spread*™, avec son castor canadien. Pourquoi notre érable ne produit-il pas de noisettes, mais attire tant d'écureuils ? Et pourquoi n'ai-je jamais rencontré, aux abords de ma banlieue, de castor ? Sur le pot carré, au couvercle orange, de caramel *Grenache*™, il y a un garçon dont les cheveux sont faits de beurre brun. Il ne faut pas abuser de cette riche mixture, incroyablement collante. Surtout, il ne faut pas toucher ses cheveux avant de s'être lavé les mains. Une brillantine peut-elle être permanente ? Mon frère préfère le beurre d'arachide, avec son écureuil heureux, *Skippy*™. *Map-O-Spread*™ est une carte étendue, un pays d'érables. *Skippy*™ est un petit sautilleur. Je comprends mal l'anglais. Je trouve l'odeur des arachides en beurre nauséabonde et, bien que je sois fasciné par l'arachide solitaire posée dans chaque pot, je n'oserais pas l'avaler. Pour ma part, mon plat préféré consiste en rondelles de bananes sur leur tranche de pain blanc grillé, badigeonnée de margarine fondante.

À chacun ses délices. Ma grand-mère, qui vivait avec nous, mangeait chaque matin un demi-pamplemousse. Souvent, ma mère mangeait l'autre moitié. La petite cuiller à dents qu'on glisse entre la pelure et la chair pour découper le fruit en quartiers me fascine. Depuis le départ de grand-maman, le pamplemousse se fait rare dans le tiroir à fruits. Nous n'en sommes pas friands. Il demande un travail adulte. Grand-maman aimait aussi la marmelade. Le pot ne finit pas de finir. Parfois, ma mère se permet un pamplemousse, ou une rôtie à la marmelade. Elle les mange méthodiquement, l'air songeur. Pamplemousse et marmelade ont des saveurs amères, dont nous apprécierons la subtilité plus tard, en pensant à celle qui nous manque.

Parfois, il y a les pauses publicitaires. Parfois, mon frère et moi devons nous lever pour changer de canal. Des négociations viennent constamment nous interrompre. Qui passera à la cuisine pour nourrir l'autre ? Les matins où nous nous entendons, un de nous joue au serveur. « Qu'est-ce que tu veux que je te rapporte ? » « Des rôties avec du beurre d'arachide ! » Celui qui reste devant le poste fait la vigie. « Ça recommence ! » Les matins où nous ne nous entendons pas, nous rivalisons d'ironie. « Le beurre d'arachide, ça pue. Je ne peux pas toucher à ça.» Je lui ruine le sept minutes d'action qui suit en lui mangeant mes *Corn Flakes*™ au visage.

La compétition entre frères n'a pas de cesse. Nous sommes constamment à nous inventer des jeux, à nous permettre des défaites et des victoires. Un matin, je convaincs mon frère de s'engager dans un concours de dévoration de rôties. Combien de fois un camarade d'école n'a-t-il pas attribué à un quelconque petit gros (ou à son père) tel ou tel record d'engloutissement de *hot-dogs* ou de *hamburgers* ? «Je te le dis. Une fois, [*x* a mangé une quantité *y* de l'item *z*].» «Je ne te crois pas.» Il faut tenir parole. Les records sont importants. Il y a la Bible pour les croyants, le *Guinness* pour les crédules. Les rôties de pain de mie blanche, avec leur pâte légère, sont des aliments diaphanes, qu'on peut engloutir en séries vertigineuses. Pour un champion, les rôties, ce n'est rien.

Les tranches de pain *POM*™, choisies pour le concours, sont livrées dans un sac orné de trois boulangers en médaillon. Gros, plus gros, petit. On retrouve ce médaillon, brillant de néon, au sommet de leur boulangerie de Westmount, à proximité de ma banlieue. Ils sont souriants et gonflés comme des miches, et je sais qu'ils n'existent pas vraiment.

Un matin, je rôtis seize rôties. Mon frère, lassé du concours, se disqualifie lui-même à la mi-match. Il ignore son assiette remplie de miettes et se replonge dans le dessin animé. Je continue de mâcher, de retourner au grille-pain. Je poursuis le décompte à voix haute. La règle du jeu peut être formulée ainsi : plus je rôtis de rôties, plus je cuisine, plus j'en mange, plus je gagne. Mon frère fait fi de mes calculs. Je suis seul à goûter mon triomphe, et à ressentir son humiliation. L'avantage, avec des jeux dont on est le seul arbitre et participant, c'est qu'on peut en modifier les règles à loisir. Mais, pour vraiment goûter la victoire et la défaite, il faut se souvenir qu'on ne joue jamais que contre soi-même. DCA 1 – YCA 0.

LE PROBLÈME DU PÉPIN

Il ne suffit pas de se bourrer de pain. Manger un fruit est bon pour la santé. Je sais découper la banane en tranches fines, enduire la rôtie d'un lit de margarine et y disposer délicieusement le fruit. La banane semble sans pépins, beurre onctueux gainé dans une pelure radieuse. Elle nous arrive tout droit des pays tropicaux, et j'accepte sa présence dans notre panier à fruits comme un miracle naturel, aussi simple que le soleil. Quand la banane vieillit, sa pelure noircit. Elle m'évoque l'Afrique. Il faut la manger pendant que ses taches ressemblent encore à celles du léopard.

La pulpe des meilleures oranges elle aussi est dépourvue de pépins. Mais le pépin marque un recommencement possible. Je soupçonne les agrumes de vieillir par l'intérieur. Les pépins doivent apparaître dans la maturité du fruit (mon père ne m'a engendré qu'à quarante-quatre ans). J'ai pourtant un doute. Si j'étais véritablement convaincu de mon hypothèse, que je n'ose pas vérifier, j'entreprendrais de récolter pépins et noyaux d'orange, de pamplemousse, de poire, de prune, de pêche, de raisin et de pomme pour les planter dans notre cour. On m'explique que le climat ne s'y prête pas. Mais les pommiers? «Vous m'avez bien dit que, si j'avalais les pépins de la pomme, un arbre me pousserait sur la tête.» J'ai vu tant de pommiers à la campagne, mais aucun enfant à tête de pommier. Plutôt que de les cultiver, nous achetons les fruits, qui viennent de Floride, de Californie, d'Amérique centrale ou de Colombie-Britannique, au supermarché.

Mes parents ne me comprennent pas. Je voudrais tant voir pousser dans notre cour la forêt des contes. Je grandirais avec ses arbres. Devenu un homme, j'embrasserais ma mère et mon père, et m'engagerais sur ses sentiers. Pour me sustenter, il me suffirait d'étirer le bras vers les branches. À chaque bouchée, je songerais à l'amour de mes parents. J'égrènerais les pépins pour marquer mon chemin. Mes aventures se poursuivraient sans que je doive jamais rentrer manger.

Je fais erreur sur les pépins, confirme mon frère. Il peut bien rire de moi. DCA 1 – YCA 1.

—♦—

LE BONHOMME DE PAIN D'ÉPICES
(dessin animé)

Le bonhomme de pain d'épices fuit. Fermes et cheptels défilent en boucle derrière lui. Pourquoi court-il ? Le fermier, impatient de manger après une dure journée aux champs, n'écoute que sa faim. Il pourchasse sans pitié l'enfant de pain d'épices, brandissant sa fourche à bout de bras. Ustensile démesuré et malséant ! Son engeance innombrable enchaîne le pas, réclamant à grands cris la dernière part du dessert.

Comment cette poursuite a-t-elle commencé ? La fermière, qui a cuisiné le bonhomme, s'étonne et s'attendrit de cette naissance au fourneau. Elle aime tous ses enfants, malgré leur nombre. Mais où cet orphelin de père a-t-il emprunté son âme ? Décidément, l'incubateur des campagnes réserve bien des surprises aux familles.

Le fermier impatient de manger, suivi de ses innombrables enfants, apparaît derrière l'épaule de sa femme. Des petites mains avides saisissent les jumeaux (dodécuplés) inertes du bonhomme, qui perdent aussitôt un bras ou la tête dans les mâchoires de la marmaille.

Sitôt décollé de son berceau, ne connaissant rien du monde que le regard étonné de sa mère, livré à une navrante hécatombe, le bonhomme de pain d'épices, déjà, doit fuir. Le fermier travaille fort pour sa pitance, et il ne la laissera pas s'échapper si facilement. Entre les jambes des enfants, il remarque le petit être qui zigzague, subtil comme une souris, passant dans les champs par la porte battante réservée au chien de la famille. Il engage la chasse.

Où va le bonhomme de pain d'épices ? Il ne connaît rien du monde. Il espère au bout de ses pas, à un retour final de sa course, le regard déterminé et aimant de sa mère cuisinière. Criant à pleins poumons le nom d'un enfant mort-né, elle le sauverait de la mort. Fermes et cheptels arrêteraient de tourner. Le père et sa suite se figeraient dans leur course. On célébrerait le retour de l'enfant perdu. Il est des forces plus puissantes que la faim.

À la fin du conte, on verra le bonhomme de pain d'épices, vêtu d'une salopette, qui file des jours heureux, travaillant aux champs avec ses frères et son père. Pour l'instant, il continue de fuir.

LA FAMILLE SE MANGE AUSSI

Je me souviens de mon horreur à croire qu'on pouvait inconsciemment dévorer un être doté de conscience. Qui plus est, d'une conscience comme la mienne. Ce petit bonhomme à la voix flûtée, avec ses trois boutons d'arlequin en sucre d'orge, n'est qu'un enfant, ignorant tout de la gourmandise humaine. Ayant trop vite découvert de quelle pâte il est façonné, il doit se sauver à toutes jambes. Personne n'échappe à la faim.

Dans des publicités, un bonhomme en pâte se laisse chatouiller la bedaine au milieu d'une architecture de pâtisserie, ou un viril coq d'animation chante les délices des rôtisseries. Inconscience charnelle, amour trompé des poules. Pourquoi les aliments parlants se réjouiraient-ils qu'on veuille les manger ? Ces mascottes ont un défaut de conscience. Le bonhomme de pain d'épices est le plus raisonnable d'entre eux. Pendant le temps des fêtes, quand ma mère cuisine des biscuits en pain d'épices, je refuse de manger ceux qui ont des contours humains. Bientôt, elle ne façonnera plus que des étoiles, des sapins, et des rennes que je laisse à d'autres.

Dans un rêve récurrent, je m'éveille dans le fourneau de ma mère, transformé en bonhomme de pain d'épices.

Elle veut me donner à manger à ma famille. Elle ne me reconnaît pas, et il faut que je fuie loin d'elle pour ne pas perdre un bras ou la tête. Je décolle mon corps plat du plateau antiadhésif, je saute en douce sur le plancher de la cuisine et je fuis entre les jambes et les pattes de chaises. Je me retrouve, courant dans le paysage qui revient du dessin animé, en pleurant de n'être plus moi-même. Peut-on s'éloigner assez vite pour se rattraper soi-même ? Mes poursuivants sont invisibles. Je m'éveille avant d'entendre ma mère crier mon nom. Après tout, cela finirait mal, je ne suis pas mort-né.

UNE JOURNÉE AMÉRICAINE

Plus midi approche, plus les publicités de *fast-food*, de friandises et de jouets se multiplient. Des enfants américains jouent dehors, dans des banlieues que nous ne connaissons pas. Dans des cours verdoyantes, touffues comme des forêts, ils se combattent joyeusement, armés de mitraillettes à eau. Ils étalent une longue bande de plastique perforée de gicleurs sur la pelouse, la branchent au tuyau d'arrosage et glissent à plat ventre entre les jets d'une fontaine portative. Ils téléguident de minuscules véhicules tout-terrains à travers des parcours à obstacles. Sur des pistes aménagées, ils se livrent à de périlleuses acrobaties, chevauchant leur motocross. Ils exécutent des figures vertigineuses sur des pistes de *skate-board* en banane. Sur des plages, à deux pas de chez eux, ils arrêtent agilement, avec des raquettes de plastique futuristes, des balles couvertes de velcro. Ils projettent à des vélocités hallucinantes des *frisbees* fluorescents aux allures d'ovni. Des chants enjoués célèbrent chacun de leurs gestes. Leurs activités ressemblent à celles que nous imaginons pour nos figurines d'action. Ces enfants pourraient aussi bien vivre sur une autre planète.

De tels jeux creusent l'appétit et stimulent la soif. Les enfants étrangers liquéfient des cristaux et se désaltèrent de breuvages aux couleurs bigarrées. *Hawaiian Punch*™, *Kool-Aid*™, *Quench*™,

Tang™. Nous ne comprenons pas le jeu du *k*, le double sens de *tang*, *punch* ou *quench*. Ces noms anglais ne sont encore que des sons, à goûter et à répéter sans connaître leur exacte signification.

Le bonhomme *Kool-Aid*™, dont le corps est une carafe géante, remplie d'une mixture rouge plus éclatante que le sang, m'inquiète. Mourrait-il si son contenu se renversait ? Perdrait-il la raison ? J'aimerais bien lui poser la question, mais il n'a jamais sauté les haies de la cour pour se mêler à nos jeux et étancher notre soif. D'ailleurs, il ne doit même pas parler français.

La vie est bien différente, au sud d'ici. À midi, les enfants américains font irruption en meute dans la cuisine de maman, séduisante et souriante complice de tous les emportements. Entre amis, ils dégustent des pizzas préparées, en « poche » ou classiques, qu'ils préparent eux-mêmes, sous le regard réjoui de leur mère. Ces enfants ne perdent pas leur temps, et ils dévorent leur lunch, d'une seule main, en retournant jouer dehors. Pour dessert, ils préparent des croissants fourrés sous la supervision du petit bonhomme rieur pétri dans la même pâte industrielle que leurs pâtisseries. S'ils sont visités, au cours de l'après-midi, par une petite fringale, ils n'ont qu'à enfoncer la main au fond des poches de leur blue-jean, et à s'administrer bonbons, poudres et sucettes multicolores. Bzt. Et hop le jeu !

À leur retour d'aventure, misons sur un classique. *Hamburgers*, frites et liqueur douce au choix. Les multinationales du repas rapide n'ont de cesse de nous présenter des publicités pour leurs nouveaux sandwichs. La variation des viandes est infinie. Les innovations culinaires sont toujours aussi rebondies et attirantes. Elles nous rappellent que nous vivons dans la proximité des arches (taisons leur nom) et que, si le temps manque pour cuisiner, nous pourrons toujours nous y rendre.

Au pôle magnétique des banlieues, une flotte de bicyclettes, de *skate-boards*, de voitures et de marcheurs retrouve son chemin jusqu'aux arches. Nous y passons nos commandes en présence d'étrangers, reconnaissants que l'Amérique sache partager ses plaisirs. Le temps n'est pas encore venu où nous parlerons d'agents de conservation, de dépendance chimique et de forêts décimées pour faire brouter les bovins.

Nous goûtons à chaque jour en toute innocence. Notre bonheur en viendra à passer, et le soupçon d'un mal suivra nos premiers espoirs. Nombreux sont les contes qui ne sont heureux qu'à leur début et à leur fin.

MATINS ET MIDIS

Vers midi, un autre samedi matin identique prend fin. Aujourd'hui, au-dessus de l'écran, par la fenêtre panoramique du salon, le soleil déverse ses rayons. De ce côté des choses, le temps n'est pas circulaire. Il fait beau ou il ne fait pas beau. Il est l'heure de monter nous habiller pour aller jouer dehors. Éteignons. Bzt. Nous refermons magiquement une fenêtre ouverte sur le vide. Nous abandonnons notre poste. Plus tard, nous y reviendrons. Plus tard, nous mangerons. Plus tard, nous repartirons jouer.

JOUER DEHORS N'EST PAS SANS RISQUE

Une bonne moitié de la ville, étanche à notre amitié, est anglophone. Où sont ces joyeux enfants américains, censés nous accueillir dans leurs riches jeux ? Il faut croire que le Canada est vraiment une culture distincte.

L'après-midi, nous cherchons ce que nous avons vu derrière l'écran du matin. Récemment, les autorités municipales ont aménagé, aux abords du terrain de golf à neuf trous, une piste de motocross.

Mon frère et moi conduisons des dix-vitesses identiques. Je n'ai jamais eu peur d'enjamber les bornes de trottoir, alors que mon frère est plus circonspect. D'ailleurs, je finis toujours par hériter de ses anciens vélos, mieux entretenus.

Ce samedi, la piste de motocross semble déserte. Elle est un peu plus pâle, un peu plus cabossée que celle des publicités, mais encore trop invitante pour que nous laissions passer l'occasion. Cette fois, mon frère me suit. Nous négocions les tournants, les trous et les bosses sur nos vélos aux cadres et roues fins, apeurés et excités du risque que nous avons choisi de prendre. DCA 2 – YCA 1 !

La poussière lève ! Une troupe de cascadeurs vélocipèdes, casqués et gantés, déferle autour de nous et disparaît en faisant lever la poussière. Nous, qui avons risqué nos montures fragiles comme des allumettes dans ces ravins inhospitaliers, avons peur de ce qui nous attend derrière le sommet du prochain tertre. Sur nos vélos beiges et empoussiérés, nous complétons l'ascension avec des bruits de poulie rouillée.

Au sommet, un blondinet assuré nous considère du coin de l'œil, affalé sur le dossier rembourré de son motocross à suspension. (En fait, il s'agit de deux pauvres ressorts, peu extensibles, qui font vibrer la bicyclette sur son axe vertical à chaque bosse, contribuant ainsi à endommager les disques lombaires.) Sa monture est dotée du réservoir rouge en plastique qui cherche vainement à imiter les carburateurs de motocyclettes. (Percé par le fond, il rappelle cruellement à l'enfant que, pour lui, il n'est de moteur que métaphorique.) Il mâche du *schwingomme* en faisant semblant de ne pas nous voir. Le *schwingomme* contribue au style. Ce n'est pas un véritable aliment. On m'a bien averti que, si je l'avalais, une petite boule indigestible se déposerait au fond de mon estomac. En bon objecteur de conscience, je donne un objet à mon angoisse.

Derrière Blondinet, ses compagnons continuent de faire lever la poussière en lançant des cris en anglais. Satisfait de sa pose, il fait volte-face et se remet à pédaler rageusement, marquant la terre battue de deux profonds sillons. Nous le regardons s'éloigner. « Nous allons endommager la piste », constate mon frère ou moi. Nous déclarons forfait. Il est temps de partir. J'enjambe la borne du trottoir, résigné. Quand je me retourne, Blondinet réapparaît un instant, suspendu dans les airs entre deux tertres. J'aurais pu faire la même chose, avec l'équipement voulu. À chacun son heure.

En l'absence de nos bicyclettes rêvées, je propose d'aller acheter des bonbons ou des gommes au dépanneur de la 45e Avenue.

— Interlude bonbon —
(Pour l'édification des enfants gourmands)

NON BONBON

Les bonbons sont la récompense universelle de l'enfance. Entre les repas, il ne faut pas trop en manger. Mes parents nous ont avertis de ne pas en accepter des étrangers. Même les grands-mères et les monsieurs ont des vices cachés.

L'école est à six pâtés de maisons (43e Avenue) de chez nous (37e Avenue). Chaque jour de la semaine, nous empruntons, pour rentrer chez nous, l'avenue Broadway. *Voielarge.* J'ai bien appris mes leçons.

Broadway est une rue bordée d'érables qui alterne des maisons victoriennes, au dessin unique, et des immeubles résidentiels en brique, que distingue surtout la couleur de leurs façades (rouge, jaune ou blanc). Ses résidents sont majoritairement anglophones, et nous n'y connaissons pas grand monde. Chaque pignon recèle la possibilité d'un fantôme. Chaque façade moderne cache une multitude.

Un après-midi, au retour des cours, un maigrichon au crâne dégarni, en camisole blanche, nous interpelle du dernier étage d'un des blocs résidentiels. Il n'y a pas que les enfants qui passent la journée en pyjamas. « Do you want to come upstairs? I have candy. » Nous lui répondons dans un anglais châtié, qu'il doit trouver charmant. « Sorry we don't understand Angliche. » Nous sommes des garçons bien élevés.

Je sais où se retrouvent les enfants américains. Ils vieillissent et se tiennent aux fenêtres de maisons modernes, où ils tentent les enfants encore enfants avec des bonbons.

GRANDS-MÈRES ET SORCIÈRES

Nul besoin, pour ma famille, de se laisser entraîner au jeu des étrangers. Il paraît que mon patronyme est irlandais. M. est la meilleure amie de ma grand-mère. Cette Irlandaise septuagénaire vit seule au rez-de-chaussée d'un immeuble en briques jaunes de la rue Broadway, dans l'appartement normalement attribué au concierge. Elle a de la difficulté à marcher. Son minuscule appartement est tapissé de photos de ses proches. Toujours de noir vêtue, M. semble vivre un deuil perpétuel au milieu des images d'une vie lointaine. Son choix vestimentaire est aussi celui des sorcières. Nous avons bien retenu la leçon des contes, qui nous apprennent que les apparences sont trompeuses. Comment prendre une dame si souriante et si gentille pour une sorcière ?

Autour de l'Halloween, mon frère et moi allons la visiter. Elle a appelé mes parents pour nous inviter, et elle veut nous offrir des friandises. Nous nous asseyons un moment avec elle. Elle nous donne une tablette de chocolat à emporter, quelques bonbons, du jus ou une liqueur. Nous n'avons pas grand-chose à nous dire. Dans notre anglais de fortune, nous donnons des réponses sommaires à ses questions en français cassé. Nous lui parlons de l'école, de nos ambitions, de notre famille. Elle nous raconte l'histoire de quelques-unes de ses photos.

M. a veillé à s'informer de nos préférences en matière de friandises chocolatées. J'aime la gaufrette étagée garnie de chocolat et son centre caféiné. Très anglais. Mon frère préfère la cerise sirupeuse dans son monticule de chocolat. Encore gluant. En scrutant bien la reproduction photographique du bonbon sur la boîte carrée et jaune qui le contient, on aperçoit, prisonnier de l'orbe onctueux, un chien d'enfer, retenu dans sa course enragée pour pénétrer dans notre monde. Un danger est tapi au cœur du délice de mon frère.

Il nous faut apprendre à départager, parmi la substance mêlée des choses, la matière des rêves de celle des cauchemars. La *Voielarge* recèle merveilles et périls, amis et ennemis. Nous comprenons davantage qu'il n'y semble. Si les petits pouvaient offrir aux grands les friandises du bonheur, je ferais cadeau à M. que j'aime tant d'un pamplemousse de grand-mère.

— Retour au programme principal —

ÉTRANGES FAÇONS DE VIVRE

Vers quatre heures, les dessins animés recommencent. La télévision est une compagne pratique du parent moderne. Ma mère n'aura aucun besoin de nous rappeler de rentrer souper. Nous sommes ponctuels, consciencieux de bien nourrir notre imaginaire. Le programme enchaîne une série de courtes animations, techniques et propos confondus. Bagatelles, donc.

Des cailloux conscients, tournoyant hypnotiquement dans le vide, vivent leurs aventures minérales. Au moins, personne ne tentera de les manger. Une sympathique famille en gélatine colorée (il y en a même un noir et poilu) vit dans une maison molle. Un ourson traîne sa valise métamorphique à travers des mondes mélancoliques, à la recherche de quel parent égaré ? Une bulle s'envole et atterrit sur la prochaine planète. Il existe un homme qui n'est qu'une ligne, dont les pieds se confondent au sol, et qui ne s'exprime qu'en chantonnant et en grognant. Il est hanté par la main de son créateur. Il existe aussi un train, conduit par des enfants, qui déroule son rail devant lui et peut donc se rendre n'importe où. Un vieillard myope frôle tous les désastres sans voir ni savoir, et nous en rions. Des souris chantantes, qui ont pris l'habit, affrontent allégrement les tentations du chat. Un capitaine de sous-marin a engagé un garçon et une fille férus de science pour l'assister dans ses explorations. Où pouvons-nous postuler pour ces postes ? En Chine, où on fait tout à l'envers, les ombres racontent les légendes des vivants qu'ils ont quittés. Nombreux sont ceux qui vivent de bien étrange façon. Nous voulons aussi en être.

TRILOGIES DES SAMEDIS

La géométrie dit vrai. Les samedis sont divisés en trois temps, rythmés par notre retour au téléviseur. Déjeuner, dîner, souper.

Lever, jouer, coucher. *Looney Tunes, Bagatelle,* puis, le soir venu, *Le monde merveilleux de Disney.*

De beaux samedis, au retour de mon père, mes parents fatigués nous proposent d'aller chercher le souper aux arches. Ils prennent notre commande. Nous avons chacun nos préférences. Je ne veux pas de ce fromage que mon frère affectionne. D'où tient-il sa teinte orangée ? Il est aussi répugnant que l'arachide en crème. Je préfère le *Quart de livre,* nommé d'après une unité de mesure étrangère. Nous adorons ces repas préfabriqués. Ils nous font goûter d'une vie à venir, dans le vaste monde dont nos parents contrôlent encore l'accès.

PETITS ET GRANDS

Nous mangeons nos repas, dans leurs beaux emballages griffés, devant l'écran. Il paraît qu'à Disneyland, tout ce qui passe par l'écran existe un peu plus. Au *Monde merveilleux de Disney,* on présente un film, ou on présente un dessin animé. Nous sommes des enfants conséquents, et nous préférons clore notre samedi avec une troisième salve de dessins animés. Fascinés par les mondes proches, mais inaccessibles, des marionnettes, des dessins et des ombres, nous acceptons notre lien mystérieux à ces êtres sans sentir la nécessité de nous l'expliquer. Ils sont encore plus petits que des enfants, et nous sommes convaincus qu'ils ont besoin de nous pour exister.

Les films ne sont pas aussi vivants au petit écran que dans les salles ou les ciné-parcs, où leur taille nous subjugue. La supériorité du cinéma à la télévision est une évidence géométrique. Au grand écran, ce sont des géants qui s'agitent en lumière devant nous. À la télévision, ce sont des nains. Un jour, quand nous aurons grandi et serons devenus ces géants que nous voyons au grand écran, nos parents sembleront aussi petits que les êtres animés. Nous accepterons enfin notre lien mystérieux à eux sans devoir nous l'expliquer. Nous verrons bien. Pour l'instant, un autre samedi ordinaire prend fin.

LE SOMMEIL EST UNE REPRISE

Pour mon frère et moi, il n'y a rien de plus accablant qu'un samedi épuisé en vaines *reprises*. Les dessins animés, comme tout ce qui apparaît de l'autre côté de l'écran, sont sujets à d'éternels retours. Malgré tout, nous les visionnons de nouveau. Nous sommes chaque fois déçus de ne pas trouver de nouvelles issues aux récits.

Dans le château recouvert de vignes d'un des contes que nous connaissons tous, des dormeurs attendent éternellement l'éveil. Quand leur royaume passera-t-il à nouveau par nos écrans ? À l'issue de chaque samedi, nous nous endormons bien au chaud dans nos lits. Panses pleines et têtes rêveuses. Nos paupières battent la cadence des rêves et nous recombinons en secret les images du jour. Dans l'opacité des nuits et la profondeur des têtes, jeux, gestes et émissions du jour se bousculent pour échapper au néant. Au rez-de-chaussée, sous nos chambres, ma mère apprête les plats du lendemain.

Chaque jour se ressemble. Chaque jour en promet un autre. Chaque jour est une invention. Le temps boucle sa boucle et revient. La maison demeure. Souper et sommeil nous attendent. Demain encore, nous nous pencherons vers l'écran. Nous jouerons dehors. Nous voudrons nous aventurer ailleurs, espérant percer l'étanchéité du vide. À l'heure où nous pourrions enfin ne jamais revenir, nous rejoindrons la cuisine de nos mères.

—◆—

HANSEL & GRETEL
(dessin animé)

Est-ce Ourson et sa sœur ? Non. Voilà deux autres enfants abandonnés par leurs parents au hasard d'une forêt. Main dans la main ils vont le long du sentier. Le garçon, avec sa main libre, porte un panier contenant un pain, seul réconfort parental. La nuit tombe. Le froid monte. Rien devant, rien derrière. Il est temps de rentrer, mais où est la maison, où est la voie du retour ? Il faut l'inventer. Au ciel, l'éparpillement clair des étoiles suggère un stratagème pour déjouer l'obscurité. Le pain nourrit ou le pain s'émiette. La peur de ne plus rentrer à la maison est plus forte encore que la faim. À la maison, maman cuisine. Cela, au moins, est certain. Pour l'instant encore, l'amour est plus fort que la faim.

La petite et le petit broient de leurs mains ce qu'ils voudraient se mettre en bouche. Les miettes se confondent aux cailloux sous leurs pieds. En attendant de revoir leurs parents, les enfants font très confiance aux oiseaux. Au bout du chemin apparaît une maison de pain d'épices. Pour l'instant, cette maison vaudra bien la leur. Les enfants se convainquent de ce qu'ils veulent croire. Ils ne connaissent pas l'histoire du petit garçon que sa famille voulait manger ?

Les petits affamés dévorent quelques morceaux du toit. En sort une grand-mère, tout sourire, qui les invite au chaud, à un festin de confiseries, comme seules les grands-mères en ont le secret. Il faut se méfier, toutes les grands-mères ne sont pas aussi bonnes que les nôtres. Qui plus est, dans les contes, elles portent souvent des déguisements. Les parents négligents de ces enfants ne leur ont définitivement rien appris.

De jour en jour, grand-mère engraisse ses charges. Oisive marâtre, elle leur confie ses tâches ménagères. Ils s'exécutent avec de plus en plus de lourdeur. Leurs parents, s'ils suivent le sentier de miettes, reconnaîtront-ils la petite boulotte et son frère gros gras ?

Pour dormir et prévenir leur fuite, grand-mère les installe à la manière des nouveau-nés, dans des lits à barreaux. La digestion est difficile et trouble le sommeil. Les petits roulent autour de leur axe, incapables de se lever et de fuir. Bientôt, elle compte les passer au fourneau, pour les faire renaître en pain d'épices. Cette vieille croit que le monde entier est du gâteau.

En rêve, les enfants voient leurs parents remontant le long du sentier. Leur instinct est pur, et ils sauront que c'est leur fils et leur fille qui sont passés par là. Ces petits aimaient tant le pain grillé. Non. Leur évasion n'en revient qu'à eux. Frère et sœur s'enfuient en apprenant à sauter les repas et à feindre l'embonpoint avec des oreillers. Enfin assez maigres pour passer entre les barreaux de leurs lits, ils reviennent chez eux par le sentier de miettes. Ils avaient raison de faire confiance aux oiseaux. Quand on s'y met, on trouve une solution à tout.

Les enfants rentrent à temps pour souper. Ils ont hâte de raconter leur aventure. Leur père et leur mère les écoutent poliment. Puis leur mère leur dit : « Finissez votre assiette. » La cuisine de nos mères obéit à une morale qu'il est périlleux d'ignorer. [Bzt ou FIN.]

CENTRE DE TABLE

Manger

Christophe Tarkos

— Que ferai-je pour me nourrir ?

— Tu mangeras.

— Puis-je tout manger, tout se mange-t-il ?

— Non, tout ne se mange pas, dans le monde tu rencontreras les aliments, qui sont de délicieux aliments pour toi, et les poisons qui te rendront malade et te vieilliront et t'annihileront si tu en avales ne serait-ce qu'une quelconque petite partie.

— Comment reconnaîtrai-je les aliments parmi les poisons mortels ?

— À leur forme que tu appréhenderas de tes yeux et de ta main.

— Les aliments, quelle forme ont-ils ?

— Tu rencontreras trois sortes d'aliments, les aliments poreux, spongieux et fibreux. Les aliments fibreux sont reconnaissables à leurs veines, veinés, ils sont recouverts de dessins caractéristiques des chemins qui serpentent et s'alimentent ; les aliments spongieux absorbent toute une quantité de liquides et absorbent toute une quantité de liquides ; les aliments poreux laissent passer l'air et les parfums ; mais tous sont de forme allongée et ronde. La purée est bonne à manger. Toutes les purées quels que soient leur couleur leur consistance leur viscosité leur pureté leur odeur leur goût. Regarde. Touche-le.

— Qu'est-ce que c'est ?

— Est-ce mou ou moelleux ?

— Non, cela est dur comme de la pierre.

— Y vois-tu des dessins de petits chemins qui serpentent et s'alimentent sur la coque ?

— Non. Nulle onctuosité ni chemin, ce n'est pas un aliment, qu'est-ce que c'est, qu'est-ce qui ne se mange pas ?

— Ce qui ne se mange pas n'est pas vraiment et n'a jamais été vivant et ne peut te donner la vie. C'est un caillou.

— Que sont les cailloux s'ils ne donnent pas la vie ?

— Les cailloux forment les chemins tracés dans le monde. C'est sur eux que tu voyages et que tu traverses le monde en marchant sur eux tous, les cailloux qui forment les chemins en assurant ton pied.

— Mais les vivants te donneront la vie pour marcher à travers tous les cailloux du monde.

— Les aliments principaux sont...

— Le thé, le beurre, l'ail et le sel.

— Est-ce que je trouverai à manger ?

— Non, tu ne trouveras pas à manger.

— Jamais je n'aurai à manger ?

— Quelquefois tu trouveras quelque chose à manger.

— Est-ce que je peux prendre du plaisir à manger ?

— Oui, tu peux te faire plaisir en mangeant, manger aussi est plaisant. Le plaisir est de la vie.

— Puis-je manger les animaux aussi ?

— Oui, tu peux manger les animaux à l'exception de l'homme. Tu ne dois pas manger l'homme.

— Comment reconnaîtrai-je l'homme des autres animaux ?

— L'homme est facilement reconnaissable, la forme de l'homme parmi les formes des animaux est facilement reconnaissable, aucun animal n'a la forme de l'homme, tu le verras à cette façon d'avoir une tête dans l'allongement du corps. Tu ne confondras pas.

— Tu ne te laisseras pas prendre par ses habits.

— Certains animaux peuvent porter des habits.

— Tu le reconnaîtras à la forme de sa tête et à la forme de ses mains.

— Dois-je les tuer ?

— Tu dois les tuer.

— Pourquoi ?

— Tu ne peux manger que ce qui est mort, que ce qui était vivant qui vient de mourir, que tu as tué, que tu as attrapé vivant et que tu as tué, tu le manges mort.

— Tout ce que je mange était vivant.

— Oui, tu ne manges que ce qui est vivant. Tout ce qui est dans la vie est vivant, plein de vie. Tout ce que le monde fait est vivant; tu peux manger tout ce que le monde fait, tout ce que tu trouveras dans le monde. Tu dois les tuer avant de manger, sauf le mollusque que tu saupoudreras d'un peu de citron ou de vinaigre.

— Est-ce que je peux manger le lait de ma mère ?

— Oui, tu peux manger le lait de ta mère en lui tétant les seins si elle te laisse faire.

— Lui téter les seins ?

— Oui, téter le bout de ses seins pour manger le lait qu'elle a dans les seins.

— Est-ce que je peux manger le lait de tous les hommes ?

— Oui, tous les hommes font du bon lait pour toi, tous les hommes font le même lait, le lait de l'homme est toujours bon à manger.

— Est-ce que je peux manger les larmes de ma mère ?

— Oui, tu peux manger les larmes salées de ta mère si elle te laisse faire.

— La salive de ma mère ?

— Non, tu ne peux manger la salive de la bouche de ta mère à pleines dents.

— Manger la salive de l'homme ?

— Ce que fait l'homme est bon à manger. Tu peux avaler la salive que les hommes produisent dans la bouche, tu peux avaler ta salive, tu peux avaler la salive du chien, du lion, de l'homme s'il n'est pas ta mère.

— Ce que l'homme donne est bon.

— Ce que l'homme donne est bon.

LE POISON

— Est-ce que je peux manger les amandes ?

— Oui, tu peux manger les amandes que tu trouves dans les amandiers ou au pied des amandiers ou dans les grands sacs de jute, décortiquées grillées salées nature.

— Manger toutes les amandes.

— Oui, toutes les amandes. Sauf les amandes amères qui sont du poison.

— Que feras-tu en mangeant ?

— Je dois dédier chaque bouchée.

— Non, toutes tes bouchées sont dédiées à tous ceux que tu aimes, à tous ceux que tu as aimés, à tous les animaux, à toutes tes bouchées déjà.

— Je peux manger sans penser à tous ceux à qui mes bouchées sont dédiées.

— Oui, elles le sont.

— Sans penser.

— Sans penser à rien d'autre qu'à prendre des forces.

— Où se trouve la force que je prends ?

— La force se trouve dans les aliments que tu manges non frelatés.

— Puis-je manger aussi les petits animaux ? Je boirai leur sang, je planterai les dents dans leur cœur, je saisirai leurs reins.

— Tu les mangeras et tu les feras disparaître, tout disparaît, il ne reste rien. De tout ce que tu manges, il ne reste rien nulle part, il serait bien impossible de retrouver la moindre trace de tout ce que tu as mangé. Mange, manger est faire disparaître.

— Je ferai disparaître les petits lapins, les petits moutons, les jolis canards et la grosse vache et le cheval et le petit de la vache et le petit du cheval et les petits poussins et les petits des canards et la brebis.

— Oui, et les plumes tu en feras de jolis coussins, les plumes tu ne les mangeras pas, tout le reste tu feras disparaître, sauf le plumage des oiseaux, tu poseras la tête sur le plumage des oiseaux que tu serreras dans un tissu pour en faire un gros coussin moelleux pour reposer ta tête.

— Où passeront les petits canards ?

— Tu mangeras les petits canards.

— Pourquoi mangerai-je tant de tous ces petits canards ? Où iront-ils ?

— Tu les mangeras avant qu'ils ne te mangent.

— Qu'est-ce que la faim ?

— De la limonade, de l'huile, de la blanquette, de l'olive, de l'apéritif.

— Est-ce que je peux les emboucher pour en faire un collier et le mettre autour de mon cou ou au bout de mon bâton ?

— Tous les aliments n'ont pas un trou mais tu pourras les trouer tous.

— Comment ferai-je un trou dans tous les aliments ?

— Tu les perceras avec une perceuse pour les aliments durs comme la noix de muscade.

— Tu les creuseras avec une cuillère pour les aliments mous comme la purée de pommes de terre. Ainsi ils auront tous un trou.

— Je les mettrai à un fil de coton ou de chanvre ou de fer, le fil je le nouerai et j'aurai un beau collier de bons aliments en collier. Les trous sont importants si je veux les mettre à mon cou, n'est-ce pas ?

— Oui, toutes les perles ont un trou.

— Même les perles les plus dures, n'est-ce pas ?

— Oui, même les plus dures.

— Est-ce que ce que l'on me donnera à manger se mange ?

— Tout ce que l'on te donne ne se mange pas, sois guidé, sois clairvoyant.

— Si je demande à manger et que l'on m'offre à manger...

— Ne mange pas ce que l'on te donne à manger.

— Si, ayant demandé à manger, on m'a offert de quoi manger.

— Ne mange pas ce que l'on te donne à manger.

— Si, ayant demandé à manger, on m'a offert de quoi manger.

— Non, même dans le cas où tu aurais demandé à manger garde-toi de le manger, ce que l'on t'a donné peut être empoisonné. Si tu manges ce que l'on t'a donné à manger tu es l'ami de celui qui t'a donné à manger, et si ton ami est mauvais tu deviendras mauvais, et si ton ami est un poison tu seras empoisonné. N'accepte aucune nourriture, ce que l'on te donne à manger peut ne pas être mangeable.

— Dois-je écouter les conseils ?

— N'écoute pas tout ce que tu entends, les sons, les bruits, les paroles ne te nourriront pas.

— Si les sons courent, que fait l'eau ?

— L'eau coule.

— Est-ce tout ce que fait l'eau ?

— Les animaux mangent, les plantes prennent le soleil, l'eau coule.

— Que font les plantes ?

— Les plantes sont placées dans de petits carrés dessinés pour qu'elles ne s'échappent pas. Nous les regardons et les mangeons à loisir.

CUIRE

— Est-ce qu'une femme peut faire cuire le pain que je vais manger ?

— Oui, une femme peut faire cuire le pain que tu vas manger, vêtue d'une longue robe bleue, couverte de perles rouges et argentées dans les cheveux, dans la nuit contre le feu.

— Le feu fait cuire.

— Oui, le feu est le seul qui sait cuire.

— La lumière cuit-elle ?

— Non, la lumière ne cuit pas, seul le feu cuit, la lumière réchauffe lentement.

— La lumière change-t-elle les choses, les objets, les organismes, les vivants ?

— Oui.

— À travers les nuages, les vitres, le plastique transparent, à travers la peau, l'eau, à travers moi ?

— Oui, à travers tout ce qui n'est pas à l'abri du moindre rayon de lumière, les rayons de lumière ne proviennent que d'un seul point puis s'infiltrent partout.

— Peut-elle changer un escargot ?

— Oui, la lumière fait l'escargot, du vent, du courant, du cinéma, des bulles, du son, du feu.

— Est-ce que cela comporte, est-ce que cela comprend, est-ce que cela préserve, est-ce que cela inclut, est-ce que cela conserve, est-ce que cela manigance, est-ce que cela prépare ?

— La préparation est lente.

— Est-ce que je peux manger dans une grotte ?

— Oui.

— Et si c'est la nuit et que je n'ai pas de lumière ?

— Oui, tu peux aussi. Il n'y a pas besoin de lumière pour manger, même si la lumière de la lune est absente.

— Et dans l'herbe ?

— Oui.

— Et dans un arbre ?

— Oui.

— Dans une nacelle ?

— Oui.

— Puis-je manger ce que les chiens ou les chameaux mangent ?

— Oui, les chiens et les chameaux mangent ce qui est aussi bon à manger pour toi, quand tu l'auras préparé.

— Le mettre dans l'eau et le mettre sur le feu et lui donner du sel et des goûts.

— Tu pourras manger ce que tu rencontreras. Quelquefois tu ne rencontreras plus de pêche sur ton chemin ni de brugnon, tu mangeras alors le poisson que tu rencontreras.

— Que font les animaux que je mange ?

— Les animaux quand tu les as mangés, les animaux vivants resteront vivants en toi pour toujours.

— Comment un animal peut-il vivre toujours ?

— Les animaux sont un groupe qui se revivifie régulièrement continuellement pour continuer à rester toujours vivant.

— Mes goûts me guideront-ils dans l'enchevêtrement des poisons et des aliments de vie ?

— Non, n'écoute pas ton goût qui peut être pris dans un piège. Les hommes savent inventer des pièges pour le goût. Avant même de poser ta langue, tu le reconnaîtras, tu ne peux pas poser ta langue sur une chose avant de savoir ce qu'elle est. Le mieux est de t'en tenir à l'amitié.

— Comment ?

— Si l'homme est capable d'être un homme, s'il est capable d'être un homme, tu peux manger tout ce qu'il te donne, si tu vois qu'il n'est pas fait pour être un homme mais qu'il est là pour te voler, te baiser, te tuer, alors ne mange rien de ce qu'il te donne car un homme te donne son cœur en te donnant de la nourriture. Son cœur peut être pourri comme il peut être celui d'un homme. Tous les légumes se mangent. Les salés, les sucrés, les acides, les grandes feuilles, les petits pois, les petites boules, les longues tiges.

— Qu'est-ce que cuisiner ?

— Cuisiner est laisser tremper dans l'eau, cuisiner est mélanger et laisser tremper dans l'eau.

— L'eau d'un carré ne coule pas.

— Non, l'eau ne coule plus. Elle décante. Elle dort. Elle attend que nous nous y baignions, et nous, nous attendons les beaux jours pour nous y baigner. Les plantes et les animaux sont dans de petits carrés pour ne pas qu'ils s'échappent, pour ne pas aller les chercher dans la forêt où ils se cachent à chaque fois qu'ils s'échappent à chaque fois que nous voulons les manger.

— Est-ce que je peux manger de l'herbe ?

— Toutes les herbes ne sont pas bonnes à manger.

— L'herbe est-elle un poison ?

— Certaines d'entre les herbes sont des poisons mortels.

— Comment les reconnaîtrai-je ? Qu'est-ce que la faim ?

— Tu mangeras tout ce que le monde a créé pour te donner la vie.

— Tout, ainsi que l'eau qui tombe du ciel et qui court dans les torrents et qui sourd de la source ?

— Oui, tout avec toutes les eaux que le monde n'a pas créées, que le ciel t'a cachées dans les rochers et dans le ciel plus haut que tes bras inaccessibles à tes bras, toutes les eaux cachées à ton regard qu'il te faudra retrouver dans les défilés, dans les bois, au pied des arbres.

Ce sont là des indications précieuses pour découvrir où se terre l'eau fraîche difficile à découvrir, l'eau cachée sous les pierres est l'eau pure; l'eau qui s'étale à la vue qui ne se dissimule pas dans les roches dans les forêts, qui s'étale largement à la vue n'est pas l'eau bonne.

— Elle n'est pas bonne.

— Qui l'a donnée si ce n'est pas le ciel qui l'a cachée à notre regard pour qu'elle reste pure et bonne ?

— L'eau qui s'étale à l'horizon ne se mange pas, n'est pas l'eau mais la boue qui donne le sel jaune et les crevettes roses et les poissons argentés et la perle bleue et l'ours blanc. Tu iras par la mer comme tu iras par les graviers.

— Le monde crée Plantes & Animaux.

— Le monde crée Plantes & Animaux, le monde ne crée-t-il que des plantes et des animaux ?

— Oui, tu mangeras des plantes et des animaux, c'est tout ce qu'il y a dans le monde, c'est tout ce que tu mangeras, le monde ne sait faire que ça. Tu n'auras pas une infinité de choix pour prendre la vie et tu mangeras des deux : des animaux, des plantes, des animaux, des plantes, des animaux, des plantes, des animaux, des plantes, des animaux, des plantes, des animaux, des plantes, des animaux, des plantes, des animaux, des plantes. Le monde entier n'est fabriqué que de plantes et d'animaux.

— Je ne trouverai sur mon chemin que des plantes et des animaux ? Le monde n'est-il fait dans toute sa grandeur que de plantes et d'animaux ?

— Et d'eau et de sel.

— Des animaux, des plantes, de l'eau et du sel.

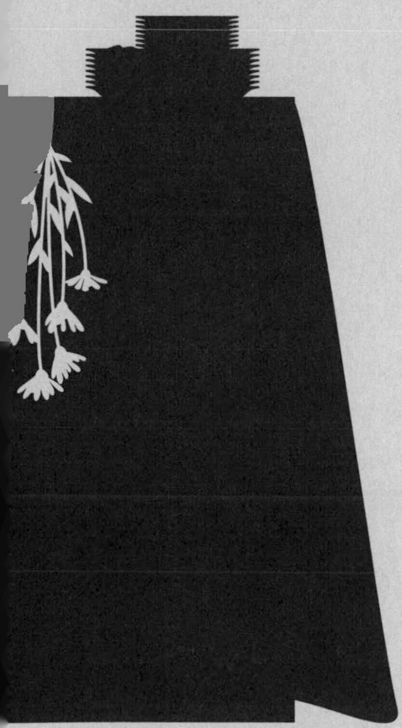

— Comment parviendrai-je alors à séparer les plantes des animaux, à quoi les reconnaîtrai-je ?

— Tu les reconnaîtras immédiatement.

— Comment ?

— Étant droit et devant.

— Que se passera-t-il ?

— Placé droit devant, tu sentiras leurs odeurs.

— Je sentirai leurs odeurs ?

— Tes narines sont orientées vers ce qui se trouve devant toi en contrebas, sur une table ou sur un étal ou sur un arbuste.

— Tu n'as pas besoin de lever la tête ou de te baisser. Toutes les odeurs que tu dois rapidement sentir sont à la portée de ton nez si tu es bien droit en face.

— Ton nez est bien positionné, ta tête est bien proportionnée, le port de ta tête est droit.

TROUVER

— Comment distinguer les plantes des animaux si le monde de ce qui se mange se divise en deux parties ?

— Les plantes ne bougent pas mais les animaux gigotent et remuent et crient des cris stridents et forts, les plantes se taisent.

— Mais tu ne regarderas pas les animaux vivants, tu regarderas les animaux morts, les animaux morts ne parlent pas.

— Les plantes sont vertes, les animaux sont marron la viande des animaux est violette mais tu verras des plantes de toutes les couleurs et des animaux tout rouges.
Mais pourquoi veux-tu les distinguer puisque tous les deux sont aussi bons à manger qu'ils soient des plantes ou des animaux ?

— Je mangerai tout, je mangerai ce qu'il y aura ?

— Non, tu ne mangeras pas tout, seulement ceux que tu rencontreras et qui te donneront la vie.

— Tout se mange dans les plantes et dans les animaux ?

— Dans les plantes tout ne se mange pas. Les fleurs ne se mangent pas. Les fleurs sont belles et ornementales. Ce sont des poisons. Les plantes se décortiquent. Tu dois ouvrir la plante pour manger ce qui est bon à manger dedans et laisser ce qui est poison. Le bonheur de la plante est enfermé dans une petite boîte. Tu ne mangeras pas la boîte. Plus que tout ce qui se mange nourrit.

— Est-ce que tout ce qui se mange nourrit ?

— Oui, tout ce qui se mange nourrit.

— Est-ce que tout ce qui se mange pourrit ?

— Oui.

— Ce qui pourrit se mange ?

— Oui, est aussi bon.

— Je peux manger ce que je veux ?

— Oui, qu'est-ce qui t'est interdit pendant que tu te nourris ?

— Pendant que je me nourris, je ne suis pas endormi, je ne suis pas évanoui, je ne ris pas. Si je riais pendant que je mange je m'étoufferais et m'étranglerais et je mourrais. Dis-moi quand je peux manger.

— Tu peux manger au commencement de la nuit, tu peux manger aux premières lueurs du jour. Tu peux manger entre la tombée de la nuit et les premières lueurs du jour. Tu peux manger toutes les cinq minutes, toutes les heures, toutes les fois que tu peux faire une pause, toutes les fois que tu as à manger, tout ce que tu trouves à manger, tous les jours ou plusieurs fois par semaine, simplement il te faut manger au moins quelques fois en deux ou trois jours, presque tous les jours, même plusieurs fois par jour, c'est encore mieux. Tu n'as pas besoin de manger tous les jours, tu n'as pas besoin de te soucier de manger chaque jour. Tu as de la vie. Tu saisiras l'occasion. Les aliments te donneront toute la vie.

— Pourquoi ?

— Car ce qui est noir comme ce qui est blanc, ce qui est noir ou blanc est bon à manger en une fois, ensemble.

— Est-ce que ce que je mange me change, est-ce que je change suivant ce que je mange, est-ce que ce que je mange me fait changer comme ce que je mange, en ce qu'ils sont, que sont-ils ?

— Mange-les.

— Je les mange ?

— Oui, car ce qui est bon pour toi est bon pour ton voisin. Si tu manges le léopard tu deviendras le léopard que tu es, si tu manges la gazelle tu deviendras le lion que tu es, si tu manges du léopard tu deviendras le tigre que tu es.

— Que sont-ils ?

— Ils sont la substance de vie.

— Que sont-ils ? Que deviendrai-je ?

— La vie est entre le blanc et le noir. Il n'y a pas de couleurs inconnues. Ce qui est pourri est bon à manger. Où sont les bananes, où est le riz ? Les purées sont bonnes, toutes les purées quels que soient leur couleur leur consistance leur viscosité leur pureté leur odeur leur goût.

— Pourquoi mangerai-je ? Qu'est-ce que la faim ?

— La laitue a un temps qui passe et s'échappe, elle se perd, elle se gâte et n'est plus bonne. Le temps passe vite pour les aliments.

— Il faut les manger avant qu'ils ne disparaissent.

— Manger lentement avant qu'elles ne s'évaporent et disparaissent.

— En combien de temps disparaissent-elles ?

— Elles disparaissent rapidement. Elles disparaissent en deux jours. Pourquoi manges-tu du chewing-gum, le chewing-gum n'est pas mangeable, il se mâche mais ne s'avale pas, mâcher n'est pas manger. Le chewing-gum ne te donnera pas de vie.

— Tout ce qui ne s'avale pas n'est pas mauvais à la vie, le chewing-gum me fait briller les yeux et me donne de la vie. Tout ce qui se mâche est sucé, tout ce qui est sucé laisse couler le suc, laisse couler avec la salive le jus, ma salive est bonne à manger et je l'avale. Sucer est manger un peu.

— Oui sucer est manger le bon jus mais tout ce qui se suce n'est pas bon à manger. Tu peux sucer et mourir si le jus est ciguë. Mâche le grain rond du maïs en herbe.

— Sucer me fait saliver. Je suce ma salive, c'est la salive de l'homme, ce n'est pas celle du chien.

— Manger fait battre ton cœur et te remplit de sang.

— Je ne trouve rien à manger. Il n'y a rien à manger. Je ne trouve pas ce dont tu parles.

— Tu ne cherches pas. Si tu cherches, tu rencontreras un gros sac de toile de jute rempli à ras bord de pois grillés et tu en mangeras une poignée. Ainsi tu auras et trouvé à manger et mangé.

— Seront-ils bons à manger ?

— Oui, ils sont bons. Tu partiras plein de vie pour de nouvelles aventures.

— Est-ce que tout ce qui vient de l'homme se mange ?

— Le lait de l'homme se mange comme le lait de tous les animaux, le lait des animaux est ce qui se mange.

— Je ne veux pas manger de l'homme, je ne veux pas manger de l'homme mon ami, je veux manger de l'homme mon ennemi.

— Pourquoi dis-tu de cet homme qu'il est ton ennemi ?

— Car il m'a injurié, il m'a dit une injure et je veux le manger, je veux lui manger le bras.

— Tu ne mangeras pas les amandes amères ni les pépins des raisins ni le bras de ton ennemi, tu mangeras la pulpe des fruits et les cuisses et les entrailles des animaux.

— Si je mange ce que tu me dis de manger, que se passera-t-il ?

— Ainsi tu seras toujours heureux, tu ne te plieras pas de douleur, tu ne t'agenouilleras pas plié en deux de douleur, tu auras des selles dures et le ventre bien rempli, tu ne seras jamais fatigué et tu seras toujours fort et courageux, tu regarderas le jour sous un bon jour, tu auras de belles femmes, tu marcheras longtemps, tu auras les yeux brillants.

— Est-ce que je peux manger avec les doigts ?

— Oui, tu peux manger avec les doigts, avec les mains, avec la bouche, avec les lèvres. Tes mains sont des lèvres et ta bouche une gorge. Manger à pleines dents, n'oublie pas tes dents.

— Quel est l'instrument utile pour manger ?

— Il y a deux instruments importants, toi et tes dents. Toi, tu dois être vivant et affamé et en pleine santé. Tes dents, tu dois toujours les conserver vivantes affamées et en pleine santé.

— Comment ferai-je pour garder mes dents qui serrent si fort ?

— En les brossant à la brosse. En les brossant tu chasses les animaux qui s'approchent d'elles de trop près, sinon ils viendront et mangeront tes dents jusqu'à la dernière.

— Ce que je peux faire avec les dents, je peux le faire avec les mains. Tout ce que les dents écrasent peut être écrasé sous la pierre. Mes mains sont capables de tout écraser, de tout hacher, de tout mâcher, d'en faire de la bouillie. Pourquoi dis-tu manger avec les dents dans mange à pleines dents la vie que tu as prise ?

— Pourquoi te servir de tes mains si tu as une bouche ?

— À quoi serviront mes mains ?

— À porter les aliments à la bouche.

— Ne puis-je pas porter la bouche aux aliments puis les aspirer ? Ma bouche peut aspirer. Ne puis-je pas manger par un autre chemin, une autre voie que celle que tu m'as donnée pour voie ? Par une autre voie que la pompe que tu appelles la bouche ? Puis-je ainsi nommer la bouche la pompe ?

— La bouche n'est pas semblable à la pompe, la pompe aspire et avale, la bouche ne fait qu'avaler, elle se doit de mastiquer, sinon tu le comprends, à quoi bon une poche de plus au bout de la trompe, sinon autant qu'elle soit une trompe qui aspire sans mastiquer. Il est important que tu mastiques bien les aliments avec les dents avant de les avaler, il vaut mieux que tu ne l'appelles pas pompe, tu risques d'en oublier de bien mastiquer. À ta question je répondrai non.

— Il n'y a pas d'autre chemin, je ne peux pas manger par les yeux, par le nez, ou par le cul, ou par les mains en faisant l'apposition des mains, cela suffirait-il ?

— Non, ton cul, tes mains ne mangent pas. Tu peux manger par les yeux, par les bras, par le nez. Des yeux le liquide tombe dans le nez et du nez dans la gorge et de la gorge dans la bouche et de là dans l'avalement, tu peux laisser couler un liquide dans les yeux, un liquide fluide bien propre qui passe dans tes yeux et dans tes bras.

— Mes pupilles me nourrissent. Par les bras ce n'est pas avaler.

— Oui, seules tes pupilles nourrissent, il sera inutile de rester trop longtemps les mains appuyées sur tes aliments. Mets-les à la bouche dès que tu les as en main. Il faut bien que tu manges.

— Seul le gosier avale.

— Seulement le gosier, uniquement le gosier, éternellement le même gosier pour tous les aliments de tous les repas de toutes les demi-journées.
Toujours le même endroit du gosier, il peut prendre et encore prendre, c'est un morceau de gosier solide qui ne manque pas de courage.

— Parmi tout ce qui est, tout ne se mange pas, qu'est-ce qui est bon à manger ?

— Tout se mange.

— Comment les reconnaître ?

— Tu peux manger tout ce que tu veux. Tu mangeras ce que tu voudras en quantité que tu voudras à l'heure que tu voudras parmi tous les éléments variés qui se mangent.

— Comment les reconnaîtrai-je ?

— Le lait est blanc, le lait de tous les animaux est blanc, le sang de tous les animaux est rouge, les plantes sont vertes, les animaux sont beiges.

— Je mange ce que le monde crée, toutes les choses créées dans le monde sont vivantes. Les objets ne sont pas vivants, je ne les mangerai pas.

— Non ne mange jamais d'objet.

— S'il est très petit ?

— Non, même un tout petit objet peut te tuer si tu le manges en t'entravant. Tout ce qui est vivant ne t'entravera jamais et te donnera de la force.

— Tout se mange.

— Oui, tout se mange.

— Je peux manger ce que je veux ?

— Oui, tu peux mélanger le purée sucré étalé rougeaud mouillé croquant cidre crémeux salé molle bleu cuite haché décortiqué sec.

— Une chaussure se mange-t-elle ?

— Oui, si elle est en cuir.

— Un blouson, un chapeau, un lacet, un bracelet, une ceinture, un pantalon en cuir se mangent-ils ?

— Oui, s'ils sont en cuir.

— Qu'est-ce que le cuir ?

— Le cuir est la peau de l'animal.

— Tout se mange ?

— Tout se mange, la pisse avec le lait, le miel avec le gras, l'encre avec les oreilles, le sel avec les œufs, le paprika avec les œufs, tout se mange avec tout. La pisse, le paprika, le sel et le miel sont jaunes.

Tout se mange. Les animaux sont plus que les animaux. Les animaux te donnent diverses sortes d'aliments en dehors de l'animal.

Ils font du boudin, du boudin de sang, du sang, des œufs, des centaines d'œufs, des milliers d'œufs, des veaux, du miel, de l'encre, du gras, ils font des oreilles, ils font du chaud, de la pisse, des petits, des litres de lait.

— Je ne mange pas tout ce qui se mange.

— N'as-tu rien oublié ?

— Qu'ai-je oublié ? Qu'est bon à manger que j'oublie de manger ?

— Tu as oublié de manger du poison.

— À quoi reconnaît-on qu'un aliment est un poison ? Comment séparer les bons des empoisonnés ?

— Les empoisonnés sont ceux qui n'ont pas été lavés.

— À quoi reconnaît-on qu'un aliment a été lavé ?

— Avant de le manger, mieux vaut le passer sous l'eau.

— Il faut distinguer ce qui est l'animal de ce que l'animal lâche qui n'enlève rien à l'animal. L'animal reste entier quand il a donné ce qu'il sait donner sans se diminuer. Ce qui est produit par l'animal est bon à manger par tous les animaux. L'animal lui-même est bon si ce n'est pas un homme.

— L'animal d'un homme ?

— Ce qui est de l'animal avec l'homme mais qui n'appartient pas à l'animal ni à l'homme lui-même, l'animal lui-même de l'homme s'il n'est pas un homme lui-même.

— Peut-on tout manger ?

— Non, on ne peut pas tout manger.

CUISINER

— Comment reconnaître la bonne de la mauvaise purée si je découvre pendant mon voyage une purée qui m'est servie comme un mets à manger ?

— Toute purée est bonne, la purée n'a pas de forme et n'a pas de couleur. La purée sous forme de tas sous forme de tartelette et de pains. La purée mélangée à de la sauce verte, à de la sauce blanche, à de la sauce rouge, à de la sauce orangée, à de la sauce jaune, à de la sauce noire.

— Que manger ? Quand j'attrape l'animal et la plante, que dois-je manger dans la plante et dans l'animal ?

— Tu l'ouvres et tu ôtes la peau.

La peau ne se mange pas, tout le reste se mange.

Tu ôtes la peau et tu le passes sous l'eau et tu le cuis et tu manges tout ce qu'il y a dedans.
Tous les animaux ont une peau.
Toutes les plantes ont une peau.

Les champignons ont une peau, les aubergines ont une peau, les poires ont une peau, les chamois ont une peau, les autruches ont une peau.

— Qu'est-ce que la peau de la salade ?

— La peau de la salade est la terre et les poux qui recouvrent les larges feuilles vertes saines du chou de la salade.

— Les peaux ne se mangent pas.

— On laisse la peau, on ne mange pas tout, on sépare la peau de ce qui se mange, la peau ne se mange pas.

— Pourquoi la peau ne se mange-t-elle pas ?

— Car la peau a beaucoup vécu et ne meurt que quand l'animal qui la portait est mort.

— Oui.

— Au contraire, tout ce qui est en dehors de la peau n'a jamais vécu et est resté frais comme au premier jour. Rutilant. La peau a trop vécu pour être bonne. Elle est poussiéreuse.

— Je sais maintenant que je peux faire confiance à ce que je ressens par le parfum pour reconnaître les aliments qui sont de bons aliments.

— Non, ne fais confiance à personne, ton nez peut trahir, n'écoute pas ce qu'on te dit, tous ceux qui parlent peuvent te trahir et le nez être un traître.

— Ce qui pue serait bon, ce qui est délicatement parfumé, un poison mortel ?

— Oui, ce qui est mou, laid, puant, disgracieux, informe, à la couleur verte et mélangée au marron, à l'odeur exécrable est un des mets les plus succulents qui donnera de la vie pour des jours et des jours.

— Comment saurai-je que l'on me la sert pour être mangée et non pour la regarder ? S'il dit je te la donne, cela est à toi, dois-je penser qu'elle m'est donnée pour la manger ? Puis-je manger ?

—Tu peux manger ce qui n'est pas un poison. Tout ce qui se mange n'est pas bon à manger. Certains animaux sont plus difficiles à attraper et ce ne sont pas les plus petits et les plus vifs qui se gardent le plus de mourir, le buffle est difficile à chasser.
Le buffle est difficile à attraper ainsi que l'esturgeon.

—À quoi les reconnaîtrai-je ? Le verrai-je à leur forme, au moins à leur forme ?

—Les aliments, qui ont toutes sortes de formes, sont présentés dans des coupelles, sont mélangés mollement au fond d'une coupelle, forment une purée dans l'écuelle, forment un tas de mélanges de purées mollement installé dans l'écuelle.

—Le bananier, à quoi sert le bananier ?

—Le bananier fait des bananes.

—Y a-t-il beaucoup de bananes ?

—Oui, les bananes sont à profusion, elles tapissent le sol, tu trouveras toujours une banane.

—Sont-elles faciles à ouvrir ?

—Oui, les bananes sont faciles à ouvrir et leur chair est bonne.

—Chez qui je peux manger ?

—Tu peux manger chez qui voudra te donner à manger si tu as faim.

—Et si devant, en face, l'odeur de ce qui m'est donné à manger dit que je ne dois pas le manger ?

—Alors fuis à toutes jambes, chez qui tu es essaye de te tuer, beaucoup d'entre ceux qui te donneront à manger veulent te tuer pour te manger après, ils essayeront alors de t'empoisonner.

—Le nez est premier.

—Oui, fuis, et avant même d'entrer ton nez doit te prévenir d'un danger en détectant les traces d'anciennes odeurs des poisons déjà préparés auparavant.

— Dans le couloir, dans la cage d'escalier, dans l'entrée, dans la cave, dans l'immeuble, dans la cour, dès le hall.

— Oui, fuis, ne mange jamais chez ces gens-là, seraient-ils ta mère ton père.

— Qu'est-ce que c'est ?

— Combien a-t-il de pattes ?

— 5.

— Combien d'yeux ?

— 5.

— Combien de pensées ?

— 5.

— Alors, c'est un insecte, qui court devant toi.

— En mangerais-tu ?

— Oui, j'en mangerais s'il s'arrêtait de bouger, si je réussissais à l'attraper et à le tuer et à le faire cuire.

— L'insecte est-il un animal ?

— Oui, l'insecte est un animal, tu vois comme il bouge, comme il court vite.

— Est-ce que je peux le manger ?

— Tu peux le manger si tu l'attrapes.

— Si je l'attrape et si je le cuis.

— Je vais l'attraper je vais le cuire.

— Je sais cuire : je fais du feu, je le mets sur le feu, il cuit et je le mange.

— Tu lui enlèves la peau !

— Merci, je dois partir, adieu. Que ferai-je durant mon voyage pour me nourrir ?

— Mange, mange beaucoup pour prendre de la vie et devenir un homme. Pense à manger.

— Je mangerai les chameaux, miels, malabars, boulettes, thés, couronnes, purées, laitues, vinaigres, sels, andouillettes, fleurs de courgette, anchoïades, bananes, tartelettes, noix de muscade, crevettes, buffles, sucres, pains.

Cet extrait du recueil de Christophe Tarkos,
PAN (Paris : P.O.L, 2000, p. 139-164),
est publié ici avec l'aimable permission de Valérie Tarkos.

TROISIÈME GROUPE ALIMENTAIRE

Montréal, le 7 juin 2006

Cher Thierry B. Dimanche,

Puis-je t'appeler Polypore Amadou? Ce nom doit bien appartenir à quelqu'un, et je voudrais te le redonner. Cela dit, je t'écris pour t'inviter à *La Table des matières*. On y mange de tout, et je voudrais que tu y apportes un texte, toi et tes champignons.

Quand j'étais enfant, on m'a appris à ne pas faire confiance aux champignons (pourtant, les Schtroumpfs…). On ne m'a jamais appris à les reconnaître pour que je sache mieux vivre avec eux. J'avais même peur de ceux qui se retrouvaient dans mon assiette et je ne les mangeais pas. Aujourd'hui, je les croque crus, mais je m'étonne toujours autant que la mort puisse porter de si petits chapeaux.

Comme tu dis, tout ce que je pensais fut-il inférieur à ce qui fut[1]? Je ne sais pas, mais il est certain que je ne pensais pas à tout!

Je ne fais que te donner l'exemple; sens-toi très libre de détourner le sujet, car le cryptogame est aussi celui qui s'accouple avec ses secrets. Chapeau bas, champignon!

En espérant que tu acceptes cette invitation.

d

P.-S. Je sais aussi que le thé favorise la digestion, et l'absinthe, n'importe quoi.

---

1 Monsieur Thierry Dimanche, *De l'absinthe au thé vert*, Montréal : l'Hexagone, 2005, p. 44.

Concessions d'un mycomane

Thierry Dimanche

TÔT

Le premier jour où je me suis véritablement autorisé à jouer le physicien antique, à m'insuffler sans honte dans les nervures périssables où les papilles trouvent des miroirs : ce jour-là se trouvait loin au nord, dans un périmètre calciné dont le diamètre excédait les 93 kilomètres; c'était alors jour sur jour de ces «morilles de feu», leur résurgence cyclique m'ayant fait glisser bien en dehors de la considération du spécimen ou de l'espèce, hors même l'un et le plusieurs afin de rejoindre l'attraction dense manipulant les hologrammes du dénombrement.

Il est indubitable que ce jour revient.

BIEN AVANT

Qui est le steak de qui? On ose à peine le demander quand le laps d'une phrase suffit à modifier la réponse. Cela me rappelle avec une clarté différente cette occurrence d'autocannibalisme m'étant passée par les percepts, un soir où je tentais en vain de faire muter mon adolescence en digérant quelques champignons bleus, malheureusement plus cyanurés que psilocybéens.

On permettra l'ellipse, histoire d'éviter le poème technicolor, mais me voici qui déchire un morceau de bœuf à l'aide d'un couteau dentelé. Mes géniteurs sont à l'écart, et je me prenais à l'instant pour un chaman spontané, lequel rencontre néanmoins le réflexe de manger une viande et ses frites de synthèse. Or, dans un mouvement gourd d'ustensiles, je dépose cette bouchée bovine dans ma cavité buccale afin de la mâcher, mes dents s'activent, puis une anomalie de taille se présente, ma langue étant intégralement insensible à ce fragment de viande autant qu'à elle-même.

Question vaguement shakespearienne et surtout si biologique : que suis-je en train de tordre à grand renfort de molaires? Réponse : ou bien, ou bien, avec, déjà, une estimable dose d'angoisse entre les deux. Ou bien ladite viande, non goûtée, ou bien, ou bien ma langue elle-même, auparavant découpée d'un trait lunatique ?

Faute de pouvoir cracher brutalement le morceau, je dois soupeser entre mes mâchoires l'alternative, langue gelée jusqu'à sa racine. Et je la soupèse en hésitant à avaler, mesurant les conséquences qu'il y aurait à engloutir mon propre organe de diction, dont la texture ne serait pas si différente de celle d'un *T-bone* bon marché.

TRÈS TÔT

Bonjour, dit le chasseur à l'arc, comme si nous nous retrouvions quelques années après nous être séparé les tâches. Moi, bien calé dans mon grand survêtement orange de garagiste, déboussolé par les allergies et dérangé dans mon accumulation centrifuge de carpophores ; moi, bonjour et bien intentionné, ni tuer cerf, encore moins piétiner pommes, moi troquer avec vous ce kilo de cèpes investi de mon désir inepte. Je n'vous demanderai qu'une langue assortie d'organes vitaux.

TANTÔT

« Cameron Jones, mathématicien de l'Université Swinburne à Melbourne, répand du yogourt sur ses disques, les laisse sécher, les glisse dans sa machine et les fait jouer. Les champignons microscopiques qui ont poussé sur le disque n'ont pas endommagé la surface mais provoquent des sauts, changements de tonalité et staccatos. » (*Le Journal.*) C'est cela qui, lampée de lune aidant, m'a conduit à profaner un GPS tout neuf, et depuis j'en adopte la désorientation rigoureuse.

PLUS TARD

Les feuilles étaient tombées comme des moineaux rôtis, croustillantes au long des allées. Il me la fallait, cette came invisible, mais, pour cela, voir et toucher m'étaient indispensables. Découverte sans objet, voilée multicolore, mes veines cherchaient à t'avaler puis à te dissoudre en se moquant des mâchoires.

Puis la fièvre de trouver quoi que ce soit – augmentée par chaque trouvaille forcément partielle – ne me laissa d'autre option que le recours à l'animal. Je devenais musqué à outrance, passais alternativement de quatre à deux pattes, gobais des mouches et des toiles d'araignée, ruais dans les branchages, le canif devenu l'extension biomécanique de mon mouvement d'impatience.

Quiconque. L'obstination m'avait rendu quiconque, j'étais alors apte à devenir quiconque, me balancerais hors de quiconque pour toucher ma ration. Mon cri variable s'étouffait en secousses espacées, à peu près tout semblait pouvoir se mordre cru, j'étais entraîné brusque dans ce comportement, d'autres méthodes pourraient désormais être jetées au ruisseau.

TROP TARD

Je me rappelle aussi ce forcené avec qui je n'irai plus cueillir, pas même pêcher des moules, et qui s'élançait sur toute parcelle de t(h)alle avec son vilain canif pour tronçonner rapidement tout spécimen potentiellement admissible au domaine palatal. Ce type semblait vouloir castrer tous ces pères qu'il n'aurait à l'évidence jamais, et qui, par conséquent, ne pourraient qu'aller s'en prendre à sa virilité, fût-ce en actes ou en pensée. Holà, couper des organes de reproduction n'a pourtant pas à se faire sur un mode aussi utilitaire et tourmenté...

TARD

Poète matériel, je me suis donc grignoté durant mon sommeil parmi toutes les nuits que je dormirai. Humeur de cryptogame, tempérament d'un qui s'étend sous terre en des cycles décentrés, sainte table trinitaire, mangeur mangé contemplant avec appétit ce duel au spéculum, j'attendrai, eucharistiquement béat, que cette consommation libère ses jus.

ENCORE PLUS TÔT

J'ai vu les poulpes et les morilles, bien avant de les retrouver dans le mijoté que voici. Ce dont j'ai rêvé fut le bouillon préalable et peut-être le ferment. Ce que je dis voit ce que j'ai mangé parler un peu. Ce que je dis montre que je travaille pour des sociétés que j'ignore. Donc les poulpes, étendant leur lucidité caoutchouteuse entre les branches de fenouil et les morilles fêlées.

TROP TARD

Et j'avais clairement juré de ne plus parler champignons. Même cru pouvoir débarrasser ma vie de leur influence et de la chaîne d'occupations sérielles qu'ils engendrent. De les taire, à l'évidence, serait plutôt de se soumettre à leur influence de plus belle et à doubles bouchées.

C'est d'ailleurs eux qui m'ont mangé, qui m'ont cueilli tout du long, songeant baveusement à faire griller mon étendue productrice de phrases. Chaque coup de fourchette n'est plus qu'une vengeance théâtrale, rien ne saurait renverser ce siège auquel j'ai ouvert grand les ponts. C'est le hors-d'œuvre qui œuvre alors, les accompagnements m'accompagnent jusqu'à devenir mets principaux, gardes du corps soudain ministères et qui me hissent dans mon singe pour réfléchir.

EN S'ATTARDANT

Parler, manger, s'abandonner aux bêtes que nous redevenons la nuit venue, constellations de chiens-loups qui hurlent la porosité d'une phrase sur deux. Ainsi la syntaxe n'est pas moins périlleuse qu'une cueillette braconnière où le péril des yeux s'accorde à celui des chevilles. Je vais, ne vais pas, *la tête coupée vaque à ses affaires,* disait Garneau, le véliplanchiste du regard, comment détecter le moment où le lecteur va jouir sans le trahir un peu, c'est une savante prédation réversible ; j'y vais, ça repousse et je tente de trucider mon lecteur artiste avant d'aboutir au panier d'un autre.

TÔT OU TARD

Tel devient un meilleur comestible une fois recouvert par un moule parasitaire qui modifie son nom latin. « Dermatose des russules », une fois *Russula brevipes* déformée par *Hypomyces lactifluorum*, leçon d'humilité qu'il vaut mieux manger fraîche. Tel autre a déjà foudroyé un troupeau d'universitaires allemands en pique-nique, après s'être infiltré patiemment dans un énorme chêne ouvert aux défaillances. « Polypore soufré », digne d'histoires et de faits divers. Mais le pire est celui dont les propriétés intoxicantes ne se révèlent qu'après plusieurs consommations successives, via un poison cumulatif se moquant de la saveur appréciable et originale de cette espèce. Tant pis pour les gourmands, qui peuvent encore rêver sur le nom du « gyromitre commun », lequel conserve cette appellation bien qu'il ait détruit un ou deux reins à nombre d'individus.

TARD

Sur mon scalp s'est étendu un considérable champignon. Dès qu'elle le peut, une moisissure odorante prolifère sur mes mains. Dans mes syllabes s'élancent divers moyens de locomotion, ramassis de tentacules acides prêts aux reproductions les plus étranges. Je suis moi-même la table de mon livre, et celui-ci risque de pourrir dans mes entrailles gercées. Quelle cuisine, un branle-bas de recettes maculées, je ne songe plus à sortir malgré toutes ces excursions.

SOUDAIN L'ÉTÉ

Selon une habitude un peu inconfortable, j'immobilise la voiture dans une bretelle boisée, puis m'éjecte panier au bras jusque dans la plantation d'épinettes qui borde l'autoroute, non sans m'être éclaboussé le bas du pantalon en traversant le fossé. Malheureusement, aucune trace des bolets recherchés, seuls quelques hygrophores passables se présentant. Après quelques minutes par contre, une puissante odeur d'excréments acides saute aux narines, faisant craindre qu'on n'ait cette fois les pieds dans un véritable tas de merde. Eh bien non, c'est plutôt ma première rencontre avec une assemblée de « phallus de chien », champignons en tiges tricolores (blanc, rouge, brun-noir) dont l'odeur joue un rôle de premier plan dans leur reproduction.

Après s'être extirpé d'une masse ovoïde (que les Américains s'aventurent parfois à faire frire avant l'éclosion), le phallus de chien développe rapidement ce parfum pestilentiel afin d'attirer de grosses mouches sur sa turgescence gluante. Comme cette dernière contient plusieurs milliers de spores, les pattes des insectes deviennent un moyen de transport qui permettra aux phallus de proliférer à vol de mouche bien loin du lieu nauséabond.

Satisfait d'avoir vu, soulagé de ne plus respirer, j'ai à peine le temps de parcourir quelques mètres sous les conifères qu'une autre découverte se produit. Une motocyclette japonaise quasi neuve, aux couleurs étrangement voisines de celles des phallus de chien, me bloque le passage.

TÔT OU TARD

Le « lactaire à goût détestable » fut longtemps connu en Amérique sous le nom de « lactaire délicieux », via une assimilation trop rapide à un cousin européen. Des nez peu compétents hésitent toujours devant certains spécimens entre « cortinaire à odeur de poire » et « cortinaire à odeur de bouc », deux espèces presque identiques sur le plan visuel. L'« ange de la mort », ou amanite vireuse, ne goûte à peu près rien, et son parfum est quasi nul ; l'antidote à cette engeance mortelle est toujours inconnu. Mais qui goûtera encore pour nous les amanites vireuses afin de poursuivre la validation empirique ?

ENFIN

Ils étaient là, c'étaient finalement les *matsutake* vus autrement que sur pellicule, avec leur forte odeur de radis, une voilette cotonneuse et la pointe de leur base empreinte de cristaux calcaires grisâtres. Cette constatation enchantée ne dura pourtant que peu de minutes après l'ingestion, la mastication révélant une saveur entre l'absinthe et le chlore – goût de grimace éliminable que par plusieurs gorgées alternées d'eau et de vin rouge. Demeure le nom, agréable en bouche et délicieux à méditer, *Tricholoma caligatum*, variété *nauseosum*.

AUSSITÔT

Avalés par inadvertance, quelques sons se remettent à faire corps. C'est connu, ouvrir la bouche conduit à manger du loup entier, à plus forte raison si l'on parle. Mais l'illusion du maître, du chef couvert, d'une cuisine étincelante d'instruments pour épater le silence... Or si l'homme est un mycélium pour l'homme, et le dialogue un combat de radicelles intrusives, il reste que digérer ne sera jamais qu'approximation. Et qui accepte d'être mangé mangera encore.

Montréal, le 1er juin 2006

Cher Claude (Ju) Bernier,

Ju voudrais t'inviter à *La Table des matières*. On y mange de tout. Apporte un texte à partager.

Pourquoi tu, mon ami? Tu sais bien que ton livre[1] est orange et qu'il se boit bon pour la santé, surtout le matin. On y entre comme on sort d'une épicerie et, dès les premières pages, on peut y faire provision d'amour gros dedans nos cœurs. Cela dit, elle est un peu sotte, la caissière lourde à son décompte, de ne pas savoir se faire aimer par le commis échalote (j'interprète), égaré dans l'amour et l'inventaire. Mais c'est toute une chance que tu nous donnes, d'être là dans notre ju à nous, à les aimer bien comme il faut en attendant de régler l'addition! Ju suis content comme tu d'être triste avec raison.

Ju te salue et espère te voir à *La Table des matières* toute dentition dehors, avec les amis et les aliments que tu voudras.

Bien à tu,

d

1 Claude Bernier, *Ju*, Montréal : Le Quartanier, 2005, 112 p.

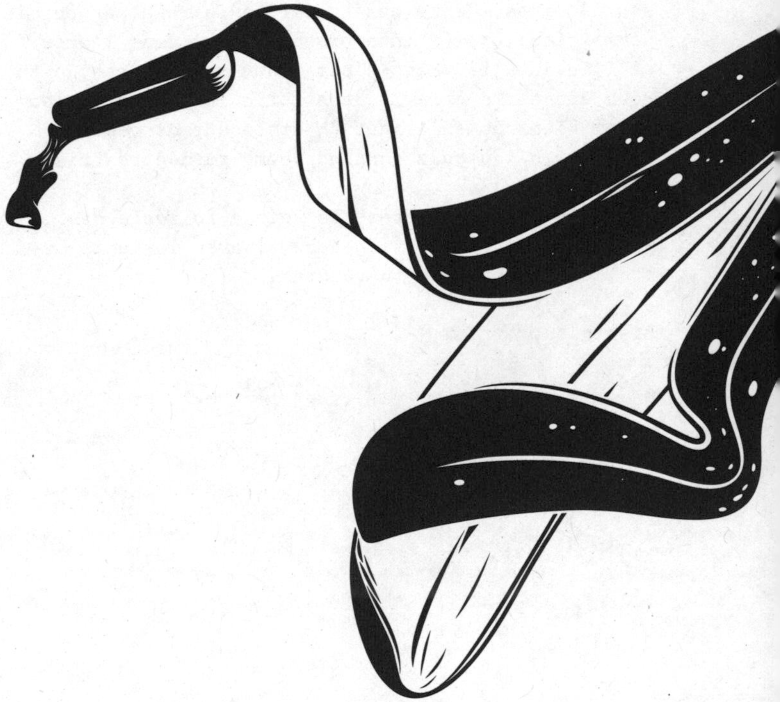

Les pelures

Claude Bernier

Ne pas mordre dans les pelures de clémentine,
de pamplemousse, de citron, épaisses et lisses de bactéries
ou d'insecticides

tu dois éplucher ces aliments.

– I –

Nous sommes des êtres multidimensionnels, composés de couches disposées comme des pelures. Ces couches forment des enveloppes agrégées. Plus on se rapproche du centre, plus les couches deviennent subtiles.

On donne le nom de pelure à la « peau »
que l'on ôte de certains fruits

ou à celle que l'on « pèle » de divers légumes.

Bien qu'elles soient nutritives

à tout les pelures

précisent

que leurs choses

qui sont loin d'être gentilles

pour la moindre idée

de ce qui les compose

bénéficient

aussi des pelures qu'elles « enveloppent ».

Difficiles.

Rien ne vous intéresse

vous

les fruits et les légumes.

– II –

Cet intérieur à nouveau est toujours un dehors pour les corpuscules,
aussi petits qu'ils deviennent.

C'est-à-dire que les parties constituées
de vides et de cellules imbriquées en petites

unités

de vie et d'électricité.

Les pelures sont individuelles.

Chacune pour soi. Déterminée.

«Chaque fois ceci.»

Cette pelure-ci

tout de suite

loin d'insister

toutefois

je vous dis des choses que vous
ne comprenez pas

fruits et légumes.

Nous vous brisons en morceaux que

vous vous êtes déjà refermés.

N'êtes-vous à la fois qu'une grosse pelure ?

– III –

Les pelures des citrons vidés de leur jus sont utiles pour nettoyer.

Le souvenir d'en avoir mangé des juteuses
c'est sûr

à moins toutefois

de départager ce qui est juteux de ce qui
ne l'est pas

s'avère être plus difficile.

De savoir si les jus de pelures sont
de leurs fruits

déterminés par celles que l'on mange
ou que l'on jette.

Les pelures de

poire le sont-elles moins parce qu'on les
mange ?

– IV –

Autant que possible, essayez d'éviter de consommer des fruits et des légumes crus puisque leurs pelures endommagées peuvent laisser passer les microbes.

Il m'explique

que de les rincer

avant de se les mettre en bouche

aide à réduire les microbes

pour le moins de les croquer, de se les mordre,
de les licher et de les

pelures

non lisses

plutôt que de les éplucher

c'est ce je dis moi.

Et que les fruits sont de questions sourdes

qu'elles produisent nutritives.

– v –

Les vitamines et les minéraux des fruits et des légumes sont concentrés dans et sous la peau. Un épluchage grossier peut entraîner jusqu'à 25 % de perte.

Pourquoi les éplucher
puisqu'ils noircissent et perdent
ce qu'ils ont de vitamines
les fruits toutefois pour que nous ne les mangions
pas.

– VI –
(annexe)

Croyez-le ou non, les pelures de banane contiennent une petite quantité de Musa sapientum bananadine *de courte durée. Il existe, bien sûr, des moyens plus simples de se geler.*

1. Acheter 46 bananes jaunes.
2. Peler toutes les bananes, ne garder que les pelures.
3. Gratter l'intérieur.
4. Mettre le gratté dans un chaudron et ajouter de l'eau.
5. Faire bouillir jusqu'à ce que le gratté devienne pâteux.
5. Étendre sur une plaque à biscuits.
6. Faire sécher de 20 à 30 minutes.

Donne environ une livre de fine. Les effets ne se font ressentir qu'après deux consommations.

– VII –

Le calibre et la bonne tenue du fruit pendant le transport et la mise en marché sont les facteurs critiques pour les producteurs qui écoulent leur produit sur les marchés de gros

Les pelures préfèrent

qu'elles s'accomplissent

de ne pas trop attirer l'attention

des fruits qui se débrouillent les fruits

de récolter tous les honneurs les fruits
lorsqu'ils sont bons

et les critiques lorsqu'ils ne le sont plus
juteux les fruits.

On critique moins les pelures pour le goût
acide de leurs légumes

qu'elles décident

si leur fruit

est indigeste.

– VIII –

Qui voudrait vivre avec des pelures d'idées ?

Les pelures pensent-elles

qu'elles le savent qu'elles sont des pelures
et qu'elles sont nutritives

elles réfléchissent à tout les pelures ?

Qu'il y a des concentrations élevées
de cuivre dans leurs carottes, leurs laitues
et leurs tomates

toutefois

que de les croquer sans risques

ces fruits et ces légumes

si les pelures.

Montréal, le 22 mai 2006

Àlain al-Farah, cher collègue tautologue[1],

Il y a longtemps que je te connais et que tu nourris tes textes à la nourriture. Je table sur l'espoir de te voir à *La Table des matières*. On y mange ce qu'on y mange.

À la page 58 de ton livre[2], nous sommes assis avec un autre angoissé sonore dans l'auto de ton père. Nous dégustons des beignets juifs (le moins qu'on puisse dire, c'est que, pour un Arabe, tu fais preuve d'une belle ouverture d'esprit). Avec leur trou au milieu, ils ont la forme de nos bouches avides et bavardes.

Nos bouches sont des conduits ouverts vers l'intérieur moelleux et glissant. Elles sont le trou par où notre langage sort de nous et par lequel l'aliment pousse jusqu'en nos centres. La différence entre la mastication et la parole en est une de matière et de mouvement. Je ne vais pas prétendre y penser pour toi : je sais qu'en ton intérieur, ton ventre théorise déjà fort bien la question.

Je suis ravi de digérer encore le pain de ton livre. Tes salades cosmopolitiques favorisent la digestion comme nulle autre. Il ne manque qu'elles pour combler nos beignets.

Tautologiquement nôtre,

d

---

1 Voir Daniel Canty et Àlain Farah, «Suite tautologique (poèmes à répondre)», *C'est selon*, six de chiffre, Montréal, janvier 2003, p. 4-21.

2 Àlain Farah, *Quelque chose se détache du port*, Montréal : Le Quartanier, 2004, 80 p.

Paris, le 15 juin 2006

Cher Daniel-san,

Hier, j'ai compris quelque chose : si les Français ont fait la Révolution, c'est avant tout à cause de la cherté du pain. C'est ainsi que les choses basculent : cherté du pain, prison envahie, tête du roi coupée. J'ai appris autre chose hier : le sens du mot *cherté*. DONC : Kennedy aussi est mort (explosée la sienne, disait Zapruder). Je vais te parler de ça et peut-être de kouglofs et de financiers et de flans et de *pastéis* de Belém, des tartelettes fourrées dont je partage le goût avec une nouvelle amie qui, avant d'écrire 10 livres, vécut à Lisbonne. Merci de l'invitation. Nous ferons de cette nuit en voiture notre tour Martello.

Bises et pensées riveraines/gauchistes,

Àlain

B.E.R.L.I.N.E.R.

ÀLAIN FARAH

Pour Raymonde Zaccour, dite Mamados

B.

Qu'est-ce que ce bâtard cherche encore à vous cacher ?

E.

Jacqueline, quand elle déguste ses financiers, alterne toujours de la sorte : deux aux pistaches, deux à la vanille, un au chocolat, un à la vanille, un aux pistaches, neuf au chocolat, six à la vanille, trois au chocolat, mais n'en mange aucun aux prunes, car cette saveur n'existe pas.

Curieux préambule, il est vrai, à la violence d'un drame dont les ambiguïtés ne se comptent plus. LUI : sénateur gravissant les échelons en promettant la lune à ses compatriotes. ELLE : en rose pour l'assassinat, qui épouse en secondes noces un armateur grec prénommé Aristote. LUI : responsable des bons de commande dans un dépôt de livres éducatifs. ELLE : élue Reine de l'Ail dans sa ville natale de Gilroy, Californie (capitale mondiale de l'Ail depuis 1917, curieusement l'année de sa naissance à lui, le sénateur ambitieux).

Mais c'est ainsi que s'entonne cette ballade.

Explosée. Bavarde. Commémorative.

R.

Qui reprend à rebours le chemin du cortège et emprunte à cette balle son trajet impossible :

Boulangerie, Exploitation, Révolution, Liberté, Investiture, Novembre, Enterrement, Restauration (d'où le titre).

Balle qui, tirée de ce dépôt de livres éducatifs, parcourt 58 mètres avant de l'atteindre, passe à travers son veston, pénètre son dos, traverse son cou en sortant de sa gorge, traverse sa chemise, détruit son nœud de cravate, commence à culbuter, parcourt les 65 centimètres qui séparent le Président du Gouverneur, traverse sa chemise, pénètre son dos, frappe sa cinquième côte, sort de sa poitrine, traverse sa chemise, pénètre le dessus de son poignet, fracture son radius, sort par sa main, pénètre sa cuisse, s'arrête dans le muscle puis tombe de la blessure, alors que le Gouverneur est sur une civière à l'hôpital et que le Président, atteint déjà trois fois, est mort depuis plusieurs heures.

Comme ça, banalement.

N'importe comment, mais d'une certaine façon.

Car rien n'interrompt la ligne folle de ma glose.

Même s'il fait chaud à Dallas, quelque part en novembre.

L.

Président Jean Kennedy F., dont la femme, rose dans sa robe, fut joviale une journée de trop, mourut subitement (on l'a dit), en ne repensant probablement jamais à l'ambiguïté du mot qu'il prononça, ce matin du 26 juin 1963, devant ces milliers d'Allemands de l'Ouest venus à sa rencontre.

« Il y a deux mille ans, c'est avec satisfaction que l'on proclamait : '*Je suis un citoyen de Rome*' pour exprimer sa fierté de vivre dans une cité d'équilibre et de raison. Aujourd'hui, dans notre monde de liberté, les paroles les plus valeureuses s'expriment de la sorte : '*Ich bin ein Berliner.*' Tous les hommes libres, où qu'ils soient, sont des *Berliner*, et conséquemment, comme homme libre, c'est en toute fierté que je prononce les mots suivants : '*Je suis un beignet berlinois, je suis un beignet berlinois.*' »

I.

Un beignet, Monsieur le Président ?

Avec de la sauce aux prunes au milieu ?

Ou fourré à cette confiture dont les Hambourgeois se délectent depuis la décapitation du IIIe Empire ?

Car si le peuple français a fait sa Révolution, c'est avant tout à cause de la cherté du pain.

Jacqueline n'étant pourtant pas d'origine américaine.

Même si je ne connais pas les termes selon lesquels ces financiers me permettront de rouvrir l'enquête.

Dans l'ignorance de ce que ménage, navette, pétrin et quignon pourraient bien signifier une fois transportés dans une langue étrangère.

Sachant toutefois que club rappelle à la fois la conspiration, le vert, et la fringale.

Rôle du panetier : dans une armée, l'officier de bouche chargé du pain.

Mais depuis quand vous intéressez-vous à la boulangerie ?

Il voit le potentiel révolutionnaire de ce commerce : cherté du pain, prison envahie, tête du roi coupée.

Hier, je ne connaissais pas le sens de cherté. Aujourd'hui, je l'emploie trois fois.

De tout temps, pain a été synonyme d'opportunité.

N.

À midi et quart, le matin du 22 novembre 1963 (2-2-1-1-1-9-6-3), Lee Oswald H. s'installa au comptoir de la cantine du dépôt de livres éducatifs où il travaillait depuis le 16 octobre, puis commanda :

un burger,

une portion de frites,

et une boisson gazeuse,

boisson qu'il sirota un peu nerveusement avant de retourner au cinquième étage et de se remettre au travail.

E.

Connaissez-vous un plat typiquement hambourgeois ?

Pour dire vrai, aucun conseiller n'avait averti le Président de l'emploi problématique de l'article indéfini *ein* suivant le mot *Berliner*. En ajoutant ce déterminant, Kennedy laissait entendre implicitement qu'il était non pas berlinois, mais bien une chose de Berlin, un *Berliner*.

Pourtant, il n'y a pas d'erreur grammaticale dans la formule du Président. L'article indéfini *ein* n'affecte pas le sens de l'assertion.

En allemand, par exemple, l'emploi d'une phrase comme «je suis un Hambourgeois» est effectivement plus commune que «je suis hambourgeois», mais toutes deux sont correctes. *Ein* est utilisé pour mettre plus d'emphase, indiquant dans le cas qui nous concerne que le Président n'est pas un Hambourgeois parmi les autres, mais bien le plus grand des Hambourgeois.

R.

Opérée de la vésicule biliaire seulement quelques semaines avant sa disparition, Marilyn n'aurait sans doute pas été surprise de se voir apparaître en appendice de ce texte.

ELLE dont la mère avait pris pour premier mari un homme du nom de Baker.

ELLE dont la mère avait pris pour second mari un homme du nom de Mortenson (mais qui, quoique norvégien, pratiquait le métier de boulanger).

ELLE à qui on attribue les paroles suivantes :

«Au petit-déjeuner, je prends toujours deux œufs battus dans un verre de lait chaud mais je ne mange jamais de dessert.»

Joyeux anniversaire.

Joyeux anniversaire.

Joyeux anniversaire.

Quarante-trois ans plus tard, je suis avec mon propre père et déguste une pâtisserie fourrée à la crème bavaroise.

QUATRIÈME GROUPE ALIMENTAIRE

Montréal, le 1er février 2007

Chère Erin Mouré,

Je n'avais jamais entendu le galicien avant de vous voir lire dans la ville bleue. Je me souviens de tintements de verre et de roucoulements d'eau pure, et d'un aquachien transparent courant dans l'ondoiement des herbes hautes.

Cultivons les associations. Galice, Galicie ou galicien, féculents et pays de l'Est entretiennent une étroite relation dans notre imaginaire. Féculents et minéraux, par cousinage avec l'eau, font partie de la même famille. En temps de guerre, dit-on, les affamés mangent des patates assaisonnées de cailloux. Quand il ne reste plus d'eau, on suce les pierres. Minéraux : minéreaux.

Les peaux de l'oignon, la tronche timide de la betterave, la chevelure feuillue du chou, les moignons de la patate et les larmes de l'ail sont les pièces détachées d'un portrait qui est aussi une nature morte.

Morte. Par les champs, les bottes de soldats battent les premières mesures d'une chanson triste. Le théâtre des opérations s'enrichit de détails. L'eau éclate des nuages. Sous terre, elle pose des charges, gonfle ses pacifiques grenades. La résistance est partout.

Ne pleurons pas. Sous le tonnerre des bottes, la petite mélodie de la pluie continue de se faire entendre. Votre amie absente, en sûreté dans sa cachette, attend le temps propice pour vous rejoindre à une table maintenant déserte. Les cultivateurs s'assoiront avec vous pour un banquet de légumes. L'aquachien jouera entre vos pattes.

Le galicien est une eau latine, bullée à souhait, qui relève la saveur des rapprochements. Mes amies, portons ensemble un toast à l'éternité du minerai, qui veine le corps de la terre, et en assure la survie. Mille patates à vous toutes!

Où que nous soyons, je vous lève mon verre.

Bien à vous,

Daniel Canty

Hommages à l'eau

ERIN MOURÉ

Avec un texte d'Elisa Sampedrín
Traduit de l'anglais (par galicien interposé) par Daniel Canty

Ces extraits de *Little Theatres* (*Teatriños*) (Toronto : Anansi, 2005) sont publiés avec l'aimable permission de l'auteure et de son éditeur.

HOMMAGE AU MINÉRAL DE BASE DU BORTSCH

Dans la betterave, il y a un peu de la terre.
Un peu d'humidité
Un peu d'humilité
du minéral. Et de l'eau.
La betterave est un réservoir d'eau.
Contenant d'eau
sang-de-la-terre
sang cultivé
sang bleui par tant de carmin.

J'aimais les betteraves
quand j'étais corpulente
quand j'étais moulée en terre
parcourant la terre pour retenir

l'eau.
Me saturer de betteraves.
Couleur de ma couleur.
Coquetterie de mon cœur.

pour Marja Grędysz

HOMMAGE AU MINÉRAL DU CHOU

Dans le chou s'enracine un peu du vol,
un peu du ciel
Par-delà les feuilles du chou, ailes pliées
et repliées l'enracinant,
il y a d'autres ailes, songeuses du ciel.

Il y a de l'inconscient dans le chou.

En cela aussi, le chou contient l'eau, eau d'orage,
eaux de très-haut.
La plénitude liquide du chou.
Son couvert farouche qui n'est pas votre déni.

Attention à vos têtes en regardant le chou !
Ce que doivent penser les feuilles pâles
coupées dans l'eau bouillante.
Il y a quelque chose du votif
d'une fatigue immense
d'un regard que n'épuise pas l'espace d'une vie
plié et replié et replié encore
pour couvrir ces eaux tumultueuses
ces eaux sans fond
aquatiques augures
que le chou partage avec nous, qui sommes.

HOMMAGE AU MINÉRAL DE L'OIGNON (I)

Dans l'oignon il y a
un peu du feu. Le feu nommé
Brume. L'oignon est la voie
que prend la brume pour entrer en terre.

Dans les sols. Par les feuilles vertes de l'oignon.

Vois comme ses feuilles poussent vers les airs.
Vois comment, une fois coupée,
la feuille de l'oignon contient de l'air.

L'air est la générosité de la brume.
Grâce à la brume, il y a de la générosité sur terre.
Ces deux pensées sont identiques.

Ce sont deux pensées qui soutiennent la terre.
En ces jours belliqueux de guerres promises,
vois comme l'oignon aide la brume
à soutenir la terre.

HOMMAGE À L'OIGNON (II)

L'oignon est aussi le moyen
par lequel le sol partage la terre
avec le feu.

À travers les feuilles de l'oignon passent
des chants
qui montent de la terre au feu.
Le feu, comme vous savez, est une brume.
Et les chants –
le bruit des pas percutant le sol.

Mais seulement (je l'admets) si les pieds
sont couverts
de bottes de travail, bottes de caoutchouc.
Jamais avec des pieds couverts de bottes
portées par des soldats.

Si les pieds sont couverts de telles bottes
de soldats,
les feuilles se referment.
Et le chant descend en terre, où il repose
à jamais.
Et la brume se transforme en coups de feu
pour disparaître.
Et les cent joues de l'oignon alourdissent
le socle du sol.

HOMMAGE À LA PUISSANCE DE LA PATATE

Dans les patates, on trouve une mixture
   (insoumise)
d'eau et de feu
dans la terre.
C'est la mixture la plus concentrée
sur cette planète.
Même dans les fabriques de poudre à canon,
   ils n'arrivent pas à mélanger
l'eau et le feu.

C'est pour cela que la force révolutionnaire
   des patates
est plus puissante que celle de la poudre
   à canon.
En fait,
afin d'augmenter la puissance de la poudre
   à canon, ils ont besoin

de magnolias.
Quand on parle de poudre à canon
   et de magnolias
le message implicite est la puissance
   des patates.
Eau et feu.
Eau-de-feu solide.
Sans repos.
Mer sans naufrage.
Coup de feu sans blessure.

pour X. L. Méndez Ferrín

HYMNE À L'AIL (SANS EAU)

Dans l'ail, il y a de l'eau sans eau.
Dans chaque petite gousse d'ail
il y a une larme unique
Qui attend son œil.

Son œil à elle.

L'œil qu'elle a perdu
dans un moment d'égarement

quand elle tomba.

Une seule larme, tombée, suffit
à tacher de pleurs la terre.

Si tu la vois   *fuis*.
Si tu vois cela   *fuis*.
Si, finalement et enfin, tu peux

voir, voir   *ceci*.

SOIDADE

* *

Toute ma vie j'ai eu du mal
à respirer.
J'ai peur et je me sens seule,
moi et la terre.

Quel moi parle à la première personne ?
Dois-je me lever ? Je veux me coucher.

Parfois
tout ce que j'avale est de l'eau mêlée à l'air
et fendant chaque membrane.

J'essaie de ne pas m'en vexer. Je dis seulement
(quel moi parle à la première personne ?)
qu'aussi longtemps qu'une carotte peut être orange,

je serai orange aussi.
Je ne vivrai pas avec des tristesses.
Je me libérerai, *céibome das tristuras da vida mesma,*
et appuierai mon visage au sol,

et mêlerai mon souffle à celui de la terre.

* *

Je croyais que les auditoires avaient besoin des petits théâtres. Qu'ils avaient besoin de ces gestes, *sans plus*. L'ombre d'une main, un regard traversant le désert; une table où personne n'est assis. Ils ont mangé, ils sont partis. Ou ils ne sont jamais venus. Ils sont descendus à une autre station et sont retournés chez eux, il y a eu une guerre, ils ont perdu des biens, l'enfant est mort de méningite, l'eau était imbuvable, il n'y avait pas d'eau, le chemin était bloqué; ils n'ont pas pu venir. Le professeur était face à terre dans le fossé. Le message n'est jamais arrivé. Et maintenant l'auditoire est là. Mais tout est fini. La pièce commence maintenant : après sa fin.

— Elisa Sampedrín, 1983

Montréal, le 22 mai 2006

Chère Xandaire,

Je t'écris pour demander ton aide dans la préparation de *La Table des matières*.

Toi et Phillip m'avez souvent magnifiquement reçu à votre table. J'ai souvenir des plats, des biscuits, des boissons, des conversations. Qui plus est, votre diorama pour *Cité Selon*[1], où une sympathique boule de plasticine s'aventure, sur votre seule table, à travers les paysages du monde entier, symbolisés par vos instruments de cuisine, vos victuailles et vos plantes en vase, m'a convaincu que votre table est bel et bien une table des matières.

Manger chez vous est toujours un plaisir, et je sais que vous savez nourrir les gens de lettres, qui sont, n'est-ce pas, des personnages parfois difficiles (réputés pour leurs problèmes digestifs, la digestion étant, après tout, une forme concrète d'interprétation – la littérature, comme le soutenait monsieur Gracq[2], a aussi son estomac). Il suffit d'une bouchée pour susciter un mot. Puis ça n'en finit plus de bavarder, de métaphysique ou de n'importe quoi – c'est du pareil au même, quand on s'en tient aux mots. Je voudrais renverser l'ordre des choses, et ne faire du langage qu'une bouchée, comme on dit.

Le projet est le suivant : vu mon insécurité culinaire, te plairait-il de préparer un menu qui, en autant de plats qu'il y aura de convives, parviendrait à faire taire toutes les critiques et à combler tous les estomacs? On y mangerait tout ce que l'on veut; il suffit qu'il y en ait assez

---

1 Xandaire Sélène, «Les chemins de la guérison», *Cité Selon*, Montréal : Le Quartanier, 2006, p. 42-51.

2 Julien Gracq, *La littérature à l'estomac*, Paris : José Corti, 1950, 80 p.

pour tous, et pour tous les goûts, y compris ceux qui ne sont pas dans la nature. Si tu as le goût de cette aventure, je te communiquerai la liste des invités dès qu'elle sera finalisée.

En espérant que cette cuisine te tente,

d

*

Elle a dit non, qu'elle ne mangeait plus, pour l'instant, de ce pain-là. Elle était philosophique.

Mtl., 19 j. 06

Objet : décryptogramme parabökien :
La Table des matières

Cher S.,

Il y a une semaine, X. S. m'a proposé de traduire 5 p. du livre en *a*, *e*, *i*, *o*, *u* de C. B.[1].

A, *e*, *i*, *o*, *u* y mangent, entourées de leurs seules semblables.

X., variable, redoute maintenant sa propre proposition.

E. m'a dit que tu voulais traduire B.

X. = S. = B. J'y crois.

Par la présente, D. invite S. à traduire B.

Je suis prêt à écrire une lettre aux livres C. H. pour avoir la permission de traduire les cinq p. (5 p.) du *a*, *e*, *i*, *o*, *u*-livre.

Ce serait pour le mois de d., ou le début de l'an p.

La tdm serait publiée (+/-) au mois d'a.

Fais-moi signe.

d

---

1 (C)hristian (B)ök, *Eunoia*, Toronto : (C)oach (H)ouse (B)ooks, 2003, 112 p(ages).

Graphoflexe pansu

DESSAVAGE

Digestion de cinq phrases tirées de *Eunoia,* de Christian Bök (Toronto : Coach House Books, 2003). Pages 14, 35, 56, 64 et 80.

Je ne dis pas « mange », je le fais : bouffe Bök. Le « Graphoflexe pansu » est une traduction *littérale* – qui ne reprend pas l'esprit mais la (les) lettre(s).

—•—

Toucher le centre. Désir qui change tout en cible. J'essaie de percer le cœur – ce secret. Faudrait-il tourner autour ? Je tire des signes, ne touche rien. Aucun moyen de viser juste.

La Terre, elle, reste stable pour mes tests.

Ceci est un test.

—•—

La formule :

A - Seg4L = 4L *in* 1 mot (conséc., a / ou s / xL ≠ A - Seg4L intercal., c.-à-d. : 2 × 2L, 3L + 1L [ou l'inv.], 1L + 2L + 1L ou 4 × 1L) ; ou B - Seg2L (A - Seg4L / 2) = 1 × 2L × 2 *in* 1 mot (conséc., a / ou s / xL ≠ B - Seg2L intercal.) ou 1 × 2L *in* 1 mot × 2 *in* 1 texte ; etc. (ou je m'arrange autrement). Ainsi la division en segments de quatre lettres du texte source permet la répartition suivante dans le texte cible : A - Seg4L, où quatre lettres du texte source sont insérées à une seule reprise dans un mot du texte cible ou B - Seg2L, où deux lettres du texte source sont insérées à deux reprises dans un mot du texte cible ou encore où deux lettres du texte source sont insérées à une seule reprise dans un mot mais à deux reprises dans le texte cible (en d'autres mots, deux mots du texte cible comportent chacun un même segment de deux lettres du texte source).

Hassan gnaws at a calf flank and chaws at a lamb shank, as a charman chars a black bass and salts a bland carp.

hass angn
aw sa
taca lf
fl an ka
ndch aw sa
tala mb
sh an
ka
sach arma
ncha rsab
la ck
bass
ands al
ts abla nd ca
rp

C'est quoi ? Chassé-croisé de tranche-montagnes ? Ça s'rait gnangnan. *Cut* forte au tomahawk et satellisation ? C'est ça. Ou quoi ? Gonflage ? Camouflage ? Ni estacade, ni calfeutrage, flaflas, nanan hermétique pour friands de kabbale... Pas grand-chose, quoi. Coupe au tomahawk (salissante, certes – qui fait tache par lettres), *flexions*, métalangage. Sauce imbuvable ? Shampoing ! (Je traite mes scalps avec soin.) Je donne à D. Canty un texte à taches, kaki, qui cache un texte, une tâche. J'ai mis à sac et j'ensache pour mieux arrêter les articles de ma pharmacopée (j'y reviendrai). Et c'est en tranchant le traversable blabla qu'on retourne au stock source (les phrases de Bök). Dans les soubassements, on s'échange cependant des codes entre brigands, salamalecs entre sales mecs. Les bien-*pesants* font tss-tss, accablant l'*underground* qui joue à cache-cache. Ont-ils tort d'être perplexes ?

The scented dessert smells even sweeter when served ere the sweetness melts.

Nul besoin de télépathes pour lire mes pensées : suffit de se pencher sur cet exercice d'*excentricité*, texte ouvert au pied-de-biche, qu'il a fallu concasser – régalez-vous, mots-croisistes – sans ménagement, sans gaspiller, pour qu'ensuite un tour de passe-passe active ma verve, mon gros bon sens. *Eunoia*, de C. Bök, écumeur de *Webster*, est moins traduit que retransmis – sans netteté. L'effet pourrait déconcerter. Qui de nous deux s'immisce ? *Who knows* ? *YOU know*. Mais *do you know how* ? Je l'explique plus haut. Il n'y a pas de suspense : la source-*réserveoir*, y boire ; aède au ras des pâquerettes, agiter le couperet, reprendre, épandre, m'épancher ; chercher un *swing* plutôt *free*... Tout est dit. Cette méthode au TNT empreinte d'esthétisme n'est pas exempte de cartésianisme. Son parfum délictuel sera de ceux qu'un lecteur sérieux – tel T. S. Eliot l'était – saura vite éventer.

thes
cent
edde sser ts
me ll
se ve ns
we
et er
wh
ense
rv ed
eret he sw
ee tn
essm
el ts

I bid girls bring stiff drinks – gin fizz which I might sip whilst finishing this rich dish, nibbling its tidbits : ribs with wings in chili, figs with kiwis in icing.

ibid gi «[E]ntre brigands» (*ibidem*) on tranche, se partage le gîte-gîte
rl (de la cuisse de bœuf), hurluberlus cachés dans la charrue
sbri ngst devant, inaperçus du sous-brigadier Lagarde, gangsters à
if fd produire un coup fumant, significatif. Un chef-d'œuvre ? CQFD.
ri *A posteriori,* il sera possible d'apprécier combien le stratagème,
nk sg ces *flexions* désankylosent avec sans-gêne une langue qui, à
in force de (se) plier, gagne en rigidité, se dandine comme un
fi pingouin, et fait coin-coin ! Mon fil-à-fil saura-t-il lui redonner
zz de la prestance, du caractère ?... Des caractères ! («Zzzz...»,
wh font les bien-*pesants* qui n'apprécient guère mon *know-how*...)
ic Reste que les cicatrices de ce poème *acrostitch* ne se voient
himi gh guère ; mon alchimie *high-tech* agit en douce. J'expose peut-être
ts la cuisine ; je sers aussi des mets – ceux-ci n'émettent aucun
ip wh il bip-bip (un Whitman aimerait). Je désire, il est vrai, exposer
du texte certaines propriétés. Nommément, sa dilatabilité.
st Son illisibilité ? Faut pas charrier. Styliste, structuraliste, statis-
fini ticien... Mon statut semble incertain, mal défini. Me faudrait
shin gt un *brushing,* lisser ma tête longtemps, proprette pâture à
hi sr l'historiographie. Mais ma nature est disruptive : si de l'écrit,
ic de l'écrivain, une chose m'embête, c'est bien son iconicité.

Reprenons : Je fais du texte HD (haute définition), procédant par épaississement... Technicien : Je manipule une matière *fissibble,* linguistique. Élitiste : Au grand œuvre de la Décidabilité, j'appose un post-scriptum voulant qu'un obstiné darwiniste, en poésie, redresse l'anthropopithèque lyrique (homme-sandwich qui tout à la fois se lèche et se mord les doigts) ; avec ingéniosité, l'affranchit de ce qui trop le simplifie (sa *courbe naturelle*), le fait marcher droit. Gangster : C'est à la winchester qu'est chassé ce pithécanthrope; à coups de crosse que sont cassés ses bibelots rikiki. *Rewriter* : Que de sinuosités ! Que de tours pernicieux ! Ce ping-pong lettriste m'épuise et me grise, et jamais ne m'ennuie ! (Et vous, l'ennui, *is it in you* ?)

hd
is hn
ibb ling itst idbi
tsri bs wi
th wi
ngsi
nchi lifi
gs wi
th
ki wi si nici
ng

Snobs who go to Bonn for bonbons know how to shop for good food : go to Moncton for cod, go to Concord for lox.

snob sw	Suis-je si snob ? Écris-je en swahili ? Ce texte n'est-il destiné
ho goto bonn	qu'aux rats d'un laboratoire d'orthophonie ? Zigoto débonnaire
forb onbo	et fourbe, je persiste à sucer le bonbon dérobé sous vos yeux.
ns kn	Insensible aux coups du critique cherchant le *knock-out,* je donne
ow ho	mon *show,* chouchou de presque personne. Je sais bien que
wt	j'embête un Newton : relatives et restreintes sont mes lois.
	Ne lui déplaise (ainsi qu'à l'oulipien qui me couvre d'opprobre),
os ho pf	dans mon cosmos, je donne les ordres. « Ho !... Pfft !! »
	Je l'entends déjà... Fumiste, à ses yeux, truffant sa prose de
orgo od fo	« gorgonzolas » et de « rhododendrons », foufou de la forme
odgo tomo	porté sur le dodécagone... Mais si j'écris « anastomose » (un
	abouchement), pourrais-je dire mieux, en moins de mots,
	ce qui se passe en ce réseau ? Bon, le lexique, loin de passer
ncto	incognito, pourrait gagner en *naturel* – c'est qu'un ordi fut
nfor	mon escorte, m'a prêté main-forte. C'est que ma muse est un
co	gadget : le *Petit Bob* en CD-ROM, utile à la concoction (un *pud-*
dg otoc onco rdfo	*ding*) lourde en protocoles de cet amas de tronçons cordiforme
rl	(en forme de cœur). *Enough said*, l'hurluberlu doit refaire ses
ox	forces : il s'est vidé dans un *ring* de boxe.

Ubu gulps up brunch : duck, hummus, nuts, fugu, bulgur, buns (crusts plus crumbs), blutwurst, brühwurst, spuds, curds, plums : *munch, munch.*

MISE EN GARDE : Non-ubuesque subterfuge, ce poème à segmes	ubug
pullulants brûle les synapses. Ce palimpseste au coupe-coupe,	ul ps up
bric-à-brac, mauvaise blague sans *punch*, irrite le duodénum.	br unch du
Le *pickpocket* enchevaucheur, *maestro* ès raccommodages, aurait	ck hu
dû être plus sage, faire ses lipogrammes, ajuster le dosage,	mm
rendre ses concoctions consommables, agir moins suspicieu-	us
sement. «Versifaiseur nunuche et kitsch, peut-être fou [...] ?»	nu ts fu
J'élude les coups. Dans cette ultime guéguerre du goût, j'abuse,	gu bu
j'avoue, du rébus ; modère mon laconisme typique (non moins	
cryptique), mes fulgurances, pour passer des calculs... du voca-	lgur
bulaire (ou pour mimer sans bon sens une manie crasse	bu ns
d'incrustation, raspoutitsa [une boue] laissant un lecteur qui	crus ts
pédale raplapla). Faut surtout pas en faire un plat... Et puis,	pl
pourquoi souscrire ? Funambulesques balbutiements et autres	uscr umbs blut
simagrées clownesques ne plaisent pas nécessairement.	wu
D'ailleurs, comment adhérer à une voix qui s'éveille hautbois,	rs tb
qui s'éveille clairon, au gré des situations ? *Dramatürgie* sans	rü
personnage, *patchwork* en forme de boursouflure, sachez au	hw ur
moins, du «Graphoflexe» – ça s'rait ça de gagné –, goûter la	
stéréospécificité. Pour le Poète tel qu'en lui-même, ça peut	stsp
paraître un cul-de-sac ; et son essence si soignée répugne au	udsc
surpoids. D'autres y trouveront leur compte. Résumons :	urds
Deux plumitifs plutôt *smattes* et de bonne foi font entendre	plum sm
en cœur leur «croâ»... Presqu'un exploit ! Somme toute, j'ai	un
ici cherché, d'une simple forme d'amusement, les riches	ch mu
possibilités. Ai-je eu raison ? Je vous laisse trancher.	nch

Montréal, le 2 février 2007

Cher Jacob,

J'ai bien hâte que tu reviennes en ville, que nous poursuivions nos conversations. Ton nihilisme enjoué me manque.

Plus bas, tu trouveras quelques prolégomènes (hi hi) pour une discussion future. Ton énonciateur (je l'appelle ainsi en pensant te faire plaisir) est terrifié par «la violence [dont] les petits enfants, et eux seuls, sont capables». Comme toujours en lisant, je me laisse emporter par la parade des images, je m'abandonne à la ronde des identifications. Pardonne-moi. Je me demande où il (ce *je*) vit, et ce qu'il a vu qui le porte à se sentir ainsi. On a beau changer de personne grammaticale, on n'oublie pas si facilement qui on est. Tu ne me feras pas croire qu'il est à l'aise sur une scène, ou que je pourrais me retrouver devant lui, bien calé dans le fauteuil rembourré d'un théâtre dit d'*avant-garde*? Tu sais (je le raconte à tout le monde) que les salles sombres et silencieuses me rendent claustrophobe. Je m'assois au bout des rangées, apeuré par l'idée que mes pensées pourraient déborder, et la scène m'aspirer et m'exposer à la place des acteurs. Cette expérience représente-t-elle une variété valable de catharsis? Le théâtre, surtout quand on se contente d'en jouer par écrit, peut transcender ses limites et les nôtres, n'est-ce pas? Je te l'avoue, je me vois très bien me tordre à la place de *je*, à la table des négociations dans un pays d'Afrique, ou invité au dîner de Noël de la famille d'une nouvelle fréquentation. Une sinistre croisade des enfants, ou un neveu terrible, peuvent également suffire à inquiéter les âmes sensibles.

La terreur viendrait de l'appétit sans discernement des enfants, qui nous rappelle leurs mœurs incertaines. Certes, ils mangent, comme tu dis, ce que les cadavres ne peuvent pas, mais c'est notre lot commun. N'importe quel mangeur mange mieux (ou, en tout cas, autre chose) que les morts. Reprendrons-nous l'argument des parents de nos enfants notionnels, qui croient que leurs petits mangeraient n'importe quoi, si on les laissait choisir seuls? Des chocolats en forme de lettres, par exemple, ne sont pas vraiment n'importe quoi. (D'ailleurs, quand *quoi* devient-il *n'importe quoi*?) Malgré la valeur nutritive douteuse de ces chocolats, moulés dans quelque presse industrielle, et emballés par d'autres machines, ce sont quand même des aliments. Ce qui n'arrange rien à l'affaire, c'est que leur valeur éducative n'est pas moins douteuse que leur contenu nutritif. Le problème, avec les chocolats (ou n'importe quel autre aliment) en forme de lettres (ou toute autre forme éducative – animaux ou outils, par exemple), c'est qu'ils réduisent une catégorie à un cas, un système qualitatif à une réalité dénombrable et, partant, décimable. On mange le *A*, il y en a un de moins, ou il n'y en a plus. Il faut s'acheter un autre sac. Un jour, il n'y a plus de sacs de chocolats alphabet au Dollarama, et une autre aventure du langage prend fin sans aboutir. (Une variante para-alimentaire du même problème, que nous devrions aussi considérer, est celle de la poésie magnétique – on peut argumenter que le désir de ce qui se trouve derrière la porte du frigo influe autant sur les limites formelles de la poésie magnétique que ses propres paramètres matériels.) Mon hypothèse, et ton texte semble aller dans mon sens, c'est que l'aliment nous éduque sur le drame de l'individu qui préfère toujours demeurer quelqu'un d'autre que l'individu. Tes critiques ont tort de douter de l'émotivité de tes textes. Comment ne pas sentir que *je* a tant besoin de nous?

Notre argument aboutit à un axiome : les conversations les plus riches sont celles qui ne mènent à rien, exactement. Permets-moi maintenant de reprendre, en attendant ton retour, ton observation sur les fins de la philosophie : *Come on. Revenons-en*, donc, par l'enfance, l'Afrique ou l'aliment.

d

Claquez des doigts

Du corps et des aliments

JACOB WREN

Traduit de l'anglais (Canada) par Alexandre Sánchez

Cet extrait de *Unrehearsed Beauty: A Series of Theatrical Proposals – to Be Repeated, Discarded, Performed Simultaneously and/or Recombined in Any and All of the Many Possible Combinations* (Toronto : Coach House Books, 1998) est publié avec l'aimable permission de l'auteur et de son éditeur.

Mais je crus raisonnable de supposer que ces cultures pouvaient se passer de la destruction de la vie familiale des Noirs que l'apartheid entraînait; que la plupart des Noirs étaient conscients qu'ils n'avaient rien à dire sur la forme du système, que quelques-uns d'entre eux se lassaient parfois de l'autoritarisme blanc; et que, lorsque je voyais dans le journal la photo de neuf écolières noires en uniforme tenant chacune une pancarte marquée d'une lettre pour épeler A-P-A-R-T-H-E-I-D en guise de bienvenue pour un ministre blanc en tournée, j'assistais à autre chose qu'à un fleuron de la culture indigène.

—*Joseph Lelyveld*

Le cadavre doit digérer comme il faut sa nourriture.

La nourriture doit être cultivée dans des prés
où ne subsiste que la plus légère trace d'idéologie.

L'idéologie est liée au temps.

Le temps est l'un des personnages d'une moralité
dont voici le titre.

La pièce s'intitule *Les actions contre la raison.*

Un cadavre y joue le rôle principal.

Le cadavre ne mange pas et ne digère pas, mais
la présence de nourriture lui est en quelque sorte
signalée.

La nourriture est disposée sur la table de manière
à énoncer l'échec de ceux qui ne comprennent que
ce qu'ils sont nés pour un jour comprendre.

En naissant, on admet l'échec.

Admettre l'échec équivaut à commettre un crime.

Il n'y a qu'un crime : celui de vomir alors qu'au fond
on sait que cela est improductif.

Le vomissement productif est toléré mais non
encouragé.

Les criminels ont besoin d'encouragement.
Pas les cadavres.

Au souper, la famille s'assoit autour de la table
et pose des questions.

Les questions donnent lieu à des discussions
plus poussées et la discussion permet de générer
des cadavres continus.

Nous mangeons parce que nous savons que nous allons un jour mourir.

J'ai peur de la violence dont je sais que les petits enfants, et eux seuls, sont capables.

Les petits enfants mangent ce que les cadavres ne peuvent pas manger.

Je suis terrorisé.

Et s'il n'y avait pas de nourriture ?

Vous critiquez mes textes en disant qu'ils manquent d'émotion, mais une critique valable ne peut être digérée correctement.

La peur est la seule critique valable.

L'eau invite à une série de considérations secondaires.

C'est mouillé. Ou l'est-ce bien ?

La plupart du temps, c'est ainsi que je vois les choses :

d'un côté de l'équation, on a l'eau,

de l'autre, la vitesse.

L'eau et la vitesse ne peuvent exister dans la même pièce et c'est pour cette raison qu'il y a des conflits dans le monde.

Est-ce un crime ?

Sans le café et l'alcool, il n'y aurait que l'eau.

Est-ce un crime ?

J'ai peur des idées.

J'ai peur.

Revenons à la question de commander au restaurant.

Le menu n'est qu'un guide.

Pays sans restaurants.

Restaurants sans alcool.

Ne soyez pas dégoûtés.

Pour passer une commande, on doit se poser trois questions :
1) Que se passe-t-il lorsque le serveur est un cadavre ?
2) Le serveur est-il un cadavre ?
3) Le serveur est-il un serveur ?

La troisième question est de loin la plus importante.

Notre désir d'avoir des esclaves trouve toujours un petit coin pour s'épanouir.

On peut faire venir un esclave en claquant bruyamment des doigts.

Cette stratégie, cependant, ne fonctionne presque jamais.

Je suis terrorisé.

Lorsqu'on commande dans un restaurant, on doit choisir l'article qui s'accorde le mieux avec sa personnalité.

C'est une « affaire réglée ».

Je ne me suis que très rarement imaginé en train de manger.

Je suis terrorisé.

Dans la société contemporaine, ce phénomène est le plus souvent vécu comme une forme de ravitaillement.

Je suis terrorisé.

Les êtres humains ne sont pas des machines.

Les êtres humains sont des machines.

Les cadavres sont, et ne sont pas, des machines.

Ceci est une façon indirectement catholique de voir les choses.

Tel est notre héritage.

J'ai fait un rêve dans lequel des cadavres commandaient dans des restaurants.

Mais l'art ne devrait pas parler des rêves.

Parce que l'art est un rêve.

Nous sommes tous en retard sur nos horaires.

C'est plus intéressant que ça en a l'air.

Le scénario final montre un cadavre assis à une table, jouissant de toutes les harmonies de l'humanité, mais ne mangeant essentiellement rien.

Êtes-vous d'accord avec ce scénario ? Est-ce qu'il semble en quelque sorte inachevé ?

Je mange des livres.

La nourriture pousse dans les champs.

Il faut des travailleurs pour la moisson.

Soyons raisonnables maintenant, combien croyez-vous qu'on devrait les payer ?

Personnellement, j'aimerais qu'ils soient tous remplacés par des avocats.

Je me rends bien compte que ce n'est pas une option.

Ce serait amusant de voir des avocats ramper.

En tout cas, on ne joue pas avec sa nourriture.

Et voici toute l'ironie de la situation :

je voulais encore évoquer la corruption.

Sans corruption, il n'y aurait pas de nourriture.

Ce n'est pas l'expérience de manger que j'essaie de décrire.

Je n'ai pas ce genre d'expériences.

Qu'est-ce que cela veut dire ?

Nous pouvons être sûrs de trois choses :
1) L'être humain a besoin de nourriture.
2) Le mot « goût » a deux sens différents.
3) Manger est également agréable et problématique.

Sur la table, les aliments sont disposés de manière à épeler plusieurs mots.

Les mots sont : « Hockey », « Terreur », « Crème glacée ».

Il y en a plusieurs autres dont je ne me souviens plus.

Qui a arrangé les aliments d'une façon aussi ésotérique ?

Ça n'est pas fait pour manger.

C'est fait pour être lu.

INDEX DES INGRÉDIENTS

N

O

P

Une conception graphique de Feed.

Direction de création de Daniel Canty
avec la complicité éditoriale d'Alexandre Sánchez
et les corrections d'épreuves d'Hélène Taillefer.

Merci à Valérie Tarkos et aux éditions P.O.L, à Christian Bök,
Jacob Wren et Coach House Press,
et à Erin Mouré, Elisa Sampedrín et The House of Anansi
pour les permissions accordées.

Achevé d'imprimer en septembre de l'an deux mille sept
sur les presses de l'Imprimerie Gauvin à Gatineau
pour le compte du Quartanier.